100 O GANEUON POP

I Efa a Dylan

Argraffiad cyntaf: 2010
Ail argraffiad: 2015

Dymuna'r cyhoeddwyr gydnabod cymorth ariannol Cyngor Llyfrau Cymru.

Rhif llyfr rhyngwladol: 978 1 84771 241 7

Cyhoeddwyd ac argraffwyd yng Nghymru gan
Y Lolfa Cyf., Talybont, Ceredigion, SY24 5HE
gwefan: www.ylolfa.com
e-bost: ylolfa@ylolfa.com
ffôn: 01970 832304
ffacs: 832782

100 O GANEUON POP

Gol. Meinir Wyn Edwards

y Lolfa

RHAGAIR

O'r diwedd, dyma gofnod o rai o'r caneuon mwyaf adnabyddus a phoblogaidd yn y byd roc a phop Cymraeg. Mae'r llyfr hwn yn gaffaeliad mawr i'r perfformwyr roc rhwystredig yn ein plith, sy'n straffaglu i ddyfalu pa gordiau i'w chwarae drwy wrando ar ganeuon ar CD neu radio! Ond mae'r llyfr yn bwysig am nifer o resymau eraill hefyd. Bellach mae gennym draddodiad o ganu cyfoes yn yr iaith Gymraeg. Mae'r rhai ohonom a dyfodd i fyny yn y chwedegau a'r saithdegau yn cofio'r datblygiadau cynnar wrth i'r sîn roc egino yng Nghymru. Mae'r llyfr hwn yn ein hatgoffa o'r datblygiad a fu mewn cerddoriaeth fodern dros y degawdau diwethaf. Mae yma ganeuon serch a chaneuon protest sydd yn gofnod o hanes Cymru ac yn ein hatgoffa o rai o'r ymgyrchoedd cynnar dros statws yr iaith. Caiff ein beirdd a'n llenorion eu gwaith wedi ei gyhoeddi'n gyson, ond ychydig iawn o sylw sydd yn cael ei roi i waith a barddoniaeth pobl fel Meic Stevens, Dafydd Iwan, Gwyneth Glyn, Emyr Huws Jones a llawer mwy. Roedd yn hen bryd i rywun unioni'r cam.

Rwy'n dweud yn amal bod caneuon fel dyddiadur. Wrth glywed y llinell gyntaf mae rhywun yn cofio am ddigwyddiad, lleoliad neu gariad cyntaf. Dyma gyfle felly i chi ymgolli yn y dyddiadur hwnnw, a mwynhau'r atgofion sy'n deillio o'r detholiad yma o gant o ganeuon pop. Diolch i'r Lolfa.

Richard Rees
Hydref 2010

CYFLWYNIAD

Casgliad o 100 o ganeuon pop – dyna oedd y brîff. Ond wrth lunio rhestr gychwynnol, sylweddolais yn fuan y byddai dewis 100 yn dasg anodd. Nid oherwydd prinder caneuon ond am fod cymaint o rai gwych y gallwn i eu dewis. Y bwriad oedd cael rhywbeth i apelio at bob oed ac a fyddai'n amrywiol o ran arddull. Nid caneuon 'pop' yw pob un ond maen nhw'n ganeuon 'pop' yn yr ystyr eu bod yn boblogaidd; yn ganeuon y byddwch, gobeithio, wedi'u clywed o'r blaen ac yn ganeuon rydych yn mwynhau eu canu'n uchel pan glywch chi nhw ar radio neu gryno-ddisg. Dyma fy newis i a fi sydd ar fai os nad yw eich hoff gân chi yn y casgliad!

Mae'r alaw yma i bob cân, yn ogystal â'r geiriau a'r cordiau gitâr, gyda geiriau'r pennill cyntaf wedi'u nodi o dan yr alaw. Wrth nodi'r gerddoriaeth ar y rhaglen Sibelius rwy wedi newid cyweirnod ambell gân, er mwyn hwyluso'r cordiau gitâr i'r gitarydd cyffredin. Mae'r cordiau sy'n cael eu cynnwys yn y llyfr a'r siart y tu fewn i'r clawr ôl a gallwch ddefnyddio'r capo i addasu'r caneuon i'ch llais chi. O ran y geiriau, un gŵyn sydd gen i i'r artistiaid – plis a wnewch chi ynganu'n glir, neu gynnwys y *lyrics* gyda'r CD?! Ymddiheuriadau i'r awduron hynny nad yw eich geiriau'n union fel roeddech chi wedi'u hysgrifennu nhw. Ond, i mi, maen nhw'n gwneud synnwyr!

Diolch i'r cyfansoddwyr a'r awduron am eu caniatâd i gynnwys eu caneuon yn y gyfrol. Gobeithio y byddwch yn fodlon gyda fy nehongliad i ohonyn nhw. Mae pawb wedi bod yn gefnogol iawn ac rwy'n gwerthfawrogi'r geiriau caredig. Diolch i Dafydd Saer am ei waith golygu; diolch i Richard Rees am fod mor barod i ysgrifennu'r Rhagair – dyn rwy wedi'i edmygu ers dyddiau *Sosban* ers talwm! Diolch am anogaeth pawb yn y Lolfa, yn enwedig Garmon, Lefi ac Alan; diolch i Mam ac Efa am y gwaith teipio ac i Huw a Dylan am eu cefnogaeth lwyr, a'u golchi llestri a'u paneidiau o goffi!

Pwrpas y llyfr yw i chi gael pleser wrth chwarae a chanu'r caneuon, felly mwynhewch!

Meinir Wyn Edwards

CYNNWYS

ABACUS

D G A
Ti'n gad - ael i mi gre - du bod gen ti ddim di - ddor - deb,
4
D G A D
We - dyn cyn - nig cy - sur, y cy - sur mwy a glan - deg, Mi feth - ish i ym - at - eb, ma raid
7
G A D G A
'mod i yn ddwl, Roe - ddat ti we - di chwa - ra 'fo a - ba - cus fy medd - wl.
Cytgan
10
D G A D
Mae un ac un yn ddau A chdi a fo 'di'r rhei - ni, Dwi'n cyf - ri dim i chdi, 'Run od
14
G A D G A
syddim yn rhan - nu, Ond cerdd - ais lawr y bryn 'Rôl rhan - nu fy mreu - ddwy - dion, Yn
17
D G D G A
tyn - nu gwallt fy mhen, tyn - nu gwallt fy mhen A chyf - ri fy men -
21
D A D A
dith - ion. Un, dau, tri, Mam yn dal y pry,
25
D A
Pry we - di ma - rw, Mam yn cr - io'n a - rw.

ABACUS

Ti'n gadael i mi gredu bod gen ti ddim diddordeb,
Wedyn cynnig cysur, y cysur mwya glandeg,
Mi fethish i ymateb, ma raid 'mod i yn ddwl,
Roeddat ti wedi chwara 'fo abacus fy meddwl.

Ti'n gadael i mi greu y broblem 'nodda un
A wedyn cynnig ateb – dy ateb di dy hun,
Fedra i'm cael 'y mhen rownd y sŷm anhygoel hon,
Ti 'di chwalu'r abacus – abacus fy nghalon.

Cytgan:
Mae un ac un yn ddau
A chdi a fo 'di'r rheini,
Dwi'n cyfri dim i chdi,
'Run od sy ddim yn rhannu,
Ond cerddais lawr y bryn
'Rôl rhannu fy mreuddwydion,
Yn tynnu gwallt fy mhen
A chyfri fy mendithion.

Ti'n gadael i mi feddwl fod rhywbeth yn y gwynt
Ond gwn ym mêr fy esgyrn – ddaw'r ateb ddim ynghynt,
Ti'n cynnig rhif dy ffôn, fel mathemateg pur
A'r cwbwl ydw i angen 'di'r ateb i fy nghur.

Ti'n gadael i mi fynd hefo cusan ar fy moch,
'Di'r "gawn ni rywbryd eto" jyst ddim yn canu cloch,
Y batri aeth yn fflat yn y gyfrifiannell hon,
Ti 'di chwalu'r abacus – abacus fy nghalon.

Cytgan

Un, dau, tri, Mam yn dal pry,
Pry wedi marw, Mam yn crio'n arw.

(Rhys Wyn Parry/Bryn Fôn ⓗ Cyhoeddiadau Abel)

ADRA

C G F Am F
"There is a town in North On-ta-ri-o," me-ddai Neil Young yn ei
4
C B♭ F G F
gân. "Sweet home, Al - a - ba - ma," me-ddai Skyn-yrd rownd y tân.
8
C F C Am F
Rwy'n mynd'nôl i Flaen-au Ffes - tin - iog," medd-ai'r hen De-bot
12
C G F C Cytgan
Piws. "Take me home, coun-try road," medd-ai Den- ver, ond be 'di'r iws? "Does
17
F Am F C
un-man yn deb-yg i a- dra," me-ddan nhw wrth-a fi. Does
21
Am C F Dm G F C
un-man yn deb-yg i ad - ra, na, Ac ma a-dra'n deb-yg iawn i chdi.

ADRA

"There is a town in North Ontario,"
meddai Neil Young yn ei gân.
"Sweet Home, Alabama,"
meddai Skynyrd rownd y tân.
"Rwy'n mynd 'nôl i Flaenau Ffestiniog,"
meddai'r hen Debot Piws.
"Take me home, country road,"
meddai Denver, ond be 'di'r iws?

Cytgan:
"Does unman yn debyg i adra,"
meddan nhw wrtha fi,
Does unman yn debyg i adra, na,
Ac ma adra'n debyg iawn i chdi.

Dwn i ddim i lle dwi'n mynd,
Dwn i ddim lle dwi 'di bod.
'Sgin i'm syniad lle dwi rŵan hyn,
A Duw a ŵyr lle dwi fod.
Dwi 'di cysgu dan sêr yn y Sahara,
Ac aros ar 'nhraed drwy'r nos yn Prague.
Dwi 'di dawnsio ar fynydd hefo ffrindiau newydd
A deffro ar awyren wag.

Fy nghynefin yw fy nefoedd,
A bro fy mebyd yw fy myd
Nabod fama cystal â fi fy hun,
Felly pam dwi ar goll o hyd?
'Sgin i'm map, a 'sgin i'm arwydd
A 'sgin i'm *Rough Guide* ar y daith,
Dwi'n cau fy llygaid ac agor fy enaid
A dilyn lôn dy lais.
A dilyn lôn dy lais.

(Gwyneth Glyn ⓗ Gwyneth Glyn)

AI AM FOD HAUL YN MACHLUD?

G Am D7
Ai am fod haul yn mach-lud Mae dei-gryn yn llo-sgi fy
8
G Am D7
ngrudd? Neu ai am fod nos yn by-gwth Rhoi ter-fyn ar
15
G Am
an-tur y dydd? Neu ai am fod côr y goed-wig Yn di-
22
G
ste-wi a mynd yn fud? Neu ai am i ryw-un fy
28
Am D7 G
nga-dael Rwyf in-nau mor un-ig fy myd?

AI AM FOD HAUL YN MACHLUD?

Ai am fod haul yn machlud
Mae deigryn yn llosgi fy ngrudd?
Neu ai am fod nos yn bygwth
Rhoi terfyn ar antur y dydd?
Neu ai am fod côr y goedwig
Yn distewi a mynd yn fud?
Neu ai am i rywun fy ngadael
Rwyf innau mor unig fy myd?

Ai am fod golau'r lleuad
Yn oer ar ruddiau'r nos?
Neu ai am fod oerwynt gerwin
Yn cwyno uwch manwellt y rhos?
Neu ai am fod cri'r gylfinir
Yn distewi a mynd yn fud?
Neu ai am i rywun fy ngadael
Rwyf innau mor dywyll fy myd?

Ond os yw yr haul wedi machlud
Mae gobaith yng ngolau'r lloer,
A chysgod yn nwfn y cysgodion
I'm cadw rhag y gwyntoedd oer,
Ac os aeth cri'r gylfinir
Yn un â'r distawrwydd mawr,
Mi wn y daw rhywun i gadw
Yr oed cyn toriad y wawr.

(Dafydd Iwan ⓗ Sain)

BLAENAU FFESTINIOG

Cytgan
D G D
O rwy'n mynd 'nôl i Flae-nau Ffes-tin-iog, Rwy'n da-la'r trên cyn-ta mas o'r
A D G D A
dre. O rwy'n mynd 'nôl i Flae-nau Ffes - tin- iog, Ca-nys y-no mae fy seith-fed
D Pennill G
ne'. Nawr Gym-ry dewch yn llu i wran-do ar fy nghân, Mae
D E A D D7
rhyw -beth bach yn poe-ni fi yn fawr. Ie, mae byw yn A - ber - ta - we yn
G D A D
chwa-rae ar fy ner - fe Ac rwy'n ga-dael am y bryn-ie gy-da'r wawr.

BLAENAU FFESTINIOG

Cytgan:
O rwy'n mynd 'nôl i Flaenau Ffestiniog,
Rwy'n dala'r trên cynta mas o'r dre.
O rwy'n mynd 'nôl i Flaenau Ffestiniog,
Canys yno mae fy seithfed ne'.

Nawr Gymry dewch yn llu i wrando ar fy nghân,
Mae rhywbeth bach yn poeni fi yn fawr.
Ie, mae byw yn Abertawe yn chwarae ar fy nerfe
Ac rwy'n gadael am y brynie gyda'r wawr.

Cytgan

Mrs Jones, cymerwch lythyr, sgrifennwch hyn ar frys:
Diar Mam, rwy wedi drysu ar y dre;
O rwy wedi cau'r ffenestri, y dŵr uwchben y llestri,
Ac mae'r celfi i gyd yn daclus yn eu lle.

Cytgan

Mi es i Iwgoslafia ar fy ngwyliau yn yr haf;
Mi basiais drwy y Swistir ar fy nhaith.
Medde dyn bach yn yr Almaen, "Ble ry'ch chi'n mynd, mein fraulein?"
Fe drois yn ôl i ateb ar un waith…

Cytgan

Bydd y Steddfod yn y gogledd ac yna lawr i'r de,
A'r Llys yn penderfynu ble i fynd.
Gwaeddodd Gwyndaf lawr i'r dyrfa, "Ble fydd y Steddfod nesa?"
Clywyd llais o'r cefn yn gweiddi hyn…

Cytgan

(Dewi Pws Ⓗ Sain)

BORE

Co-dwch a gwe-nwch pan we-lwch yr haul yn y bo - re, A di-
olch-wch am gly-wed yr a-dar yn ca-nu uwch-ben. Gwe-nwch, di-olch-wch pan
we-lwch y byd ar ei o - re, A di - olch - wch o glyw - ed a
gwe-led rhy-fe-ddod y byd a'r nen. Yn y bo - re, yn y
Cytgan
bo - re, pan fo'r heul-wen yn ta-flu pat-rym-au ar gar-ped o ddail. Yn y
bo - re, yn y bo - re, pan fo'r a-dar i'w cly-wed yn ca - nu eu
har - mo - ni, De - ffrwch, mae'r byd yn fyw! fyw,
yn fyw, yn fyw, yn fyw, yn fyw!

BORE

Codwch a gwenwch pan welwch yr haul yn y bore,
A diolchwch am glywed yr adar yn canu uwchben.
Gwenwch, diolchwch pan welwch y byd ar ei ore,
A diolchwch o glywed a gweled rhyfeddod y byd a'r nen.

Cytgan:
Yn y bore, yn y bore, pan fo'r heulwen yn taflu patrymau ar garped o ddail.
Yn y bore, yn y bore, pan fo'r adar i'w clywed yn canu eu harmoni,
Deffrwch, mae'r byd yn fyw!

Cysgwch, breuddwydiwch, anghofiwch y ddoe a aeth heibio,
Ac wrth gysgu cewch ddysgu i dderbyn yr heddiw sy'n dod.
Yna, ar doriad y wawr ni fydd fawr yn eich blino,
A chewch glywed a gweled yr holl fyd o'ch cwmpas yn canu'i glod.

Cytgan +
Yn fyw, yn fyw, yn fyw, yn fyw!

(Ryan Davies Ⓗ Eirene Davies)

BORE DA

G Am D
Dal y bws tri ped-war naw, Mae o hyd yn hwyr ond fe ddaw
3
G Am D 1. G
Lawr hyd lon-ydd cul y wlad. Swn y môr a'r aw-yr iach. Wel, he-lô
6
2. G Cytgan Em Bm7
gof- od!" Wel, bo-re da, bo-re da, o bo-re da. Bo-re da,
9
Em Bm7 Em
bo-re da, o bo-re da. Bo-re da, bo-re da, o bo-re
12
Bm7 Em D
da Bo-re da, bo-re da, o bo-re da.
C Am G C
A bo-re da. A

BORE DA

Dal y bws tri pedwar naw,
Mae o hyd yn hwyr ond fe ddaw
Lawr hyd lonydd cul y wlad.
Sŵn y môr a'r awyr iach.
Wel helô i'r postmon ar y chwith.
Helô i Sandra, anti Keith
Sy'n canu, "Hei, gyd yw bywyd
Yw darn o halen yn y gofod!"

Cytgan:
Wel, bore da, bore da, o bore da.
Bore da, bore da, o bore da.
Bore da, bore da, o bore da.
Bore da, bore da, o bore da.

I lawr y dyffryn wrth y nant
Daw sŵn hapusrwydd chware plant,
Y ffarmwr allan yn y caeau,
Plannu hadau, bywyd newydd.
Wel yn y dafarn gyda'r nos,
Oriau mân heb ddim cloch
A llanw'r ddinas a'i chysgodion,
Ar ôl tywyll fe ddaw'r gole.

Cytgan

A, bore da.

(Euros Childs ℗ Wichita Songs Ltd./Domino)

BREUDDWYD ROC A RÔL

G Em D G
Dwi 'she chwa-rae yn y band, Dwi 'she byw mewn gwes-
4
Em D G Em D
ty crand. Co - di'n hwyr a bla - su'r mwg,
7
Cytgan
G Em D C
Bod yng nghwm-ni'r mer - ched drwg. Ha-pus wrth fy hun mewn breu-
10
D G D C
- ddwyd roc a rôl, (Roc a rôl.) Gair yn dal i gu-
14
D G D
- ro er bod neb ar ôl. (Neb ar ôl.) Dwi ish - e
17
G Am C G Am C G
bod mewn band roc a rôl A chael y dorf i 'nga-lw i 'nôl, Dwi ish - e
21
Am C G D
bod mewn band roc a rôl rhyw ddydd.

BREUDDWYD ROC A RÔL

Dwi 'she chwarae yn y band,
Dwi 'she byw mewn gwesty crand,
Codi'n hwyr a blasu'r mwg,
Bod yng nghwmni'r merched drwg.

Cytgan:
Hapus wrth fy hun mewn breuddwyd roc a rôl,
(Roc a rôl.)
Gair yn dal i guro er bod neb ar ôl.
(Neb ar ôl.)
Dwi ishe bod mewn band roc a rôl
A chael y dorf i 'ngalw i 'nôl,
Dwi ishe bod mewn band roc a rôl rhyw ddydd.

Beth sy'n bod ar dyfu'n hen?
Beth sy'n bod ar fod yn glên?
Dwi ddim ishe gwisgo'n flêr,
Dwi am fod yn un o'r sêr.

Cytgan

Llais siarad:
(Ie, diolch yn fawr – un, dau.
Diolch – wel dyma fe – yr un y'ch chi i gyd wedi bod yn aros amdano fe.
Ie yr unig un, seren newydd y byd pop Cymraeg.
Neb llai na Trevor Henry Gwyn Harris!)

Cael fy llun yn yr *NME,*
Prynu Gibson 53,
Cael llythyron wrth y fil,
Bod ar Twndish bob dydd Sul.

Cytgan

(Hefin Elis, Cleif Harpwood, Dewi Pws Ⓗ Sain)

BWTHYN

D
Am7
Ar fin y goed-wig
Mae 'na ryw-beth yn byw.
5
D
Am
Tyrd i ddi-wedd y llwy-byr
Os wyt ti'n y-su.
O, sgen-nai'm
9
D
Am
lle-ty he-no.
Dim lle i ar-os he-no.
Sgen-na i'm
13
D
Am
lle-ty he-no.
Dim lle i chwa-ra he-no.
16
G
C
D
Am
G
C
D

Ar fin y goedwig
Mae 'na rywbeth yn byw.
Tyrd i ddiwedd y llwybyr
Os wyt ti'n ysu...
O, sgenna i'm llety heno.
Dim lle i aros heno.
Sgenna i'm llety heno.
Dim lle i chwara heno.

Does 'na neb o gwmpas.
O, mae'n oer tu allan.
Dwi am agor y drws,
Drws fy mwthyn tlws.
Mae gen i lety heno,
Lle i aros heno.
Genna i lety heno.
Lle i chwara heno.

O, sgenna i'm llety heno.
Dim lle i aros heno.
Sgenna i'm llety heno.
Dim lle i chwara heno.

(Derwyddon Dr Gonzo Ⓗ Sain)

BYTHOL WYRDD

G Am D
Boed Duw i ti'n am - ddi- ffyn, Boed i- ddo_ i- ti'n
G Am A7 D
rhan; My - ne - ga_ dy we - ddï - au taer, Fe'u he - tyb_ yn y_ man, Boed
G D Em Am
i - ti_ ddri - ngo gris - iau'r_ sêr,_ Gweld rhy- fe - ddo - dau
B7 C Am D7 G
fyrdd,_ A thrwy y cy fan_ hyn Boed i - ti_ fod yn fyth- ol wyrdd.

Boed Duw i ti'n amddiffyn,
Boed iddo iti'n rhan;
Mynega dy weddïau taer,
Fe'u hetyb yn y man,
Boed iti ddringo grisiau'r sêr,
Gweld rhyfeddodau fyrdd,
A thrwy y cyfan hyn
Boed iti fod yn fythol wyrdd.

Boed iti dyfu'n gyfiawn,
Boed iti dyfu'n driw,
Boed iti wybod beth yw'r gwir,
Gan weld y golau gwiw,
Boed iti fod yn gryf a dewr
Wrth gerdded garw ffyrdd,
A thrwy y cyfan hyn
Boed iti fod yn fythol wyrdd.

Boed gain a lunia'th ddwylo,
Boed iti ddwydroed chwim.
Boed ffyddlon iti'th wreiddiau dwfn
Pan chwytho'r gwyntoedd llym;
Boed i dy lais wrandawiad teg
Pan geni di dy gân,
A thrwy hyn oll boed iti fod
Yn fythol wyrdd a glân.

Boed i dy lais wrandawiad teg
Pan geni di dy gân,
A thrwy hyn oll boed iti fod
Yn fythol wyrdd a glân.

(Tecwyn Ifan Ⓗ Sain)

CALON

Ti a mi yn y ddawns yn co-lli ein syn-hwy - rau, Ti a mi yng nghan-ol sŵn y
gân a'r go-leu a - dau, Pob awr yn fu - nud ar hyd yr or - iau mân,
Car - wn gy-da'n gil-ydd â'n ca -lon -nau ni ar dân. Cer-dded hyd y stryd-oedd gwag, y
dawns-io ar ein ho - lau, A chwer-thin dros bob man dan gysgod gwan y go - lau.
Dy ma y - di ne- foedd, dy gael di gy - da mi, Ca -lon - nau'n dau yn to-ddi'n un,
Cytgan
Ww, dy-ma 'nghri. Ca- lon, tyrd i ga - ru, Ca- lon, tyrd i ran - nu
gwres y lloer a sêr y nen, Ca -lon, gawn ni ga - ru? Wo, ca -lon, tyrd i ga - ru,
Ca- lon, tyrd i ran - nu gwres y lloer a sêr y nen, Sein-iau car-iad yn fy mhen,
Dy -ma'r awr! O! Tyn-na'r llen, Ca -lon, gawn ni ga - ru?

CALON

Ti a mi yn y ddawns yn colli ein synhwyrau,
Ti a mi yng nghanol sŵn y gân a'r goleuadau,
Pob awr yn funud, ar hyd yr oriau mân,
Carwn gyda'n gilydd â'n calonnau ni ar dân.

Cerdded hyd y strydoedd gwag, y dawnsio ar ein holau,
A chwerthin dros bob man dan gysgod gwan y golau.
Dyma ydi nefoedd, dy gael di gyda mi,
Calonnau'n dau yn toddi'n un,
Ww, dyma 'nghri...

Cytgan:
Calon, tyrd i garu,
Calon, tyrd i rannu gwres y lloer a sêr y nen,
Calon, gawn ni garu?
Wo, calon, tyrd i garu,
Calon, tyrd i rannu gwres y lloer a sêr y nen,
Seiniau cariad yn fy mhen,
Dyma'r awr! O! Tynna'r llen,
Calon, gawn ni garu?

Golau cannwyll ar y bwrdd, llygaid llon yn gwenu,
Sgwrsio'n ddwl am ddim o bwys, y gwin yn ein cynhesu,
Gafael dwylo dan y bwrdd, neb yn amau dim,
Pwysau'r byd yn bell, dy wên yw'r cyfan im!

Cytgan +
Wo, calon, tyrd i garu,
Calon, tyrd i rannu gwres y lloer a sêr y nen,
Seiniau cariad yn fy mhen,
Dyma'r awr! O! Tynna'r llen,
Calon, gawn ni garu?

(Caryl Parry Jones Ⓗ Sain)

CÂN WALTER

D G A D F♯m Em
O, ffar-wél, mae'n fo - re braf, O, ffar- wél i chi, Awn
G A D Bm G A D Cytgan
he-ddiw i ffwrdd ar y Tar-pan Dan don - nau oer y lli. O,
A D A D
bry -siwch, mae'n rhaid y - ma - dael, Hi-raeth a len - wa 'mron, Awn
G A D Bm G A7 D
he-ddiw i ffwrdd ar y Tar - pan Yn i - sel o dan y don.

O, ffarwél, mae'n fore braf,
O, ffarwél i chi,
Awn heddiw i ffwrdd ar y Tarpan
Dan donnau oer y lli.

Cytgan:
O, brysiwch, mae'n rhaid ymadael,
Hiraeth a lenwa 'mron,
Awn heddiw i ffwrdd ar y Tarpan
Yn isel o dan y don.

Yn nhafarn glyd y pentref bach,
Ei arian roes i'w ffrind,
Wel, yfwch lan, ac iechyd da!
I ryfel mae'n rhaid mynd.

Cytgan

Cofleidiodd ei rieni,
Ei chwaer a'i ffrindie i gyd,
Ni welaf fyth 'mo Solfach mwy
O fynd i bellter byd.

Cytgan

O fewn y mis, y postmon ddaeth
Â llythyr at ei dad,
Bu farw Walter o dan y môr,
Bu farw dros ei wlad.

Cytgan +
Yn isel o dan y don.

(Meic Stevens Ⓗ Sain)

CÂN Y SIARC

Am Dm Am Dm Am Dm
Dau fo - rwr dewr, dau frawd di - rei - dus oedd Yr Hen
4
Am Dm Am Dm F
King ac Ow - en Griff - iths, yn ca - ru'r cw - rw yn fwy na'r
7
Am G F Am
cefn - for, yn gweld a - ngyl - ion ym - hob a - ngor.

Dau forwr dewr, dau frawd direidus
oedd Yr Hen King ac Owen Griffiths,
yn caru'r cwrw yn fwy na'r cefnfor,
yn gweld angylion ymhob angor.

Un pnawn o ha' a'r rhwydi'n drymion,
a'r ddalfa'n goeth o benwaig gwynion,
mi welsant 'sgodyn tra gwahanol
yn gawr o gryndod yn eu canol.

"Be ddiawl 'nawn ni â'r cradur yma?
Rown ni o'n ôl yng nghôl y tonna?"
"Mi awn ag o i dre Porthmadog;
ma hwn werth mwy na phum can pennog!"

A dyma'i godi ar eu 'sgwydda,
a chodi paball o hen hwylia,
a bod mor hy' â chodi ceiniog
am gip go sydyn o'r 'sgodyn enwog.

A dyna hwyl, a dyna sbort,
o weld y siarc yn y parc yn Port!
A phawb yn heidio o bob lle
i gael eu dychryn yn y dre.

"Wel dyma'r ddalfa ffeindia 'stalwm!
Awn am y Fleece i wario'r ffortiwn!"
"Mi yfwn gwrw am y gora,
a mi 'nawn ni fwy o bres yn bora!"

Ar doriad gwawr daeth bloedd y plismon:
"Claddwch y cena ar 'ych union!
Erioed ni brofais y ffasiwn ddrewdod;
ma Port i gyd yn drewi o bysgod!"

A'u pennau'n drwm 'rôl noson hegar,
mi gladdon y siarc yn ddyfn yn y ddaear.
A darfu'r hwyl a darfu'r arian;
parhau wna'r hanas rhwng muria'r dafarn.
parhau wna'r hanas rhwng muria'r dafarn.

CÂN YN OFER

D Em G A Bm F♯m
Pam 'dan ni'n cef - nu o hyd ac o hyd Ar yr a - no - baith
4
G A Bm F♯m G D
sydd yn y byd? Pam yr holl fal - ais? Pam yr holl drais? Mae'n
7
G D G D Cytgan G A D
hen bryd i ryw -un go- di ei lais. Ac mae'r byd e - to'n
12
G D G D E A D
troi a throi, O - fer yw cei - sio ffoi, Ac mae'r byd e - to'n
16
G D G D G D
troi a throi, Troi a throi, troi a throi.

CÂN YN OFER

Pam 'dan ni'n cefnu o hyd ac o hyd
Ar yr anobaith sydd yn y byd?
Pam yr holl falais? Pam yr holl drais?
Mae'n hen bryd i rywun godi ei lais.

Miliwn fan yma, miliwn fan draw,
Pam na all rhywun estyn ei law?
Teimla eu hangen am luniaeth na ddaw,
Agor dy lygaid i'w newyn a'u braw.

Cytgan:
Ac mae'r byd eto'n troi a throi,
Ofer yw ceisio ffoi,
Ac mae'r byd eto'n troi a throi,
Troi a throi, troi a throi.

Dinesydd bach ffyddlon – rwy'n talu bob treth.
Mae gen i statws, o ryw fath 'ta beth,
Rwy'n ffug-resymegol, rwy'n swnllyd fel gweill,
Fy mhwrpas mewn bywyd yw dilyn y lleill.

Cytgan

CAROLINA

D A Em G
Nawr ti'n dweud bod ti'n ga - del I weld y
6 A G A D Em
byd a gweld y, gweld y cefn - for maith, 'Nai ddim cri - o, na, na,
12 G A G A D Cytgan
Na byth di - fa - ru, na go - fyn lle wyt ti chwaith. Mae
19 A Em G A
lly - gaid yr haul ar Ca - ro - li - na, Mae'n dis - gleir io i lawr ar
25 G A D A Em
Tu - pe - lo. 'Nai o - fa - lu am y de - ryn a'r gwe - nyn i gyd, A wnaiff fy
31 G A G A D
medd - wl ddim crwy - dro 'nôl, Ddim crwy - dro yn ôl at - at ti. Os
37 G A G A G A
dy - na ti moyn, pac - ia dy fag, 'Sdim ang - en no - dyn,
43 G A G A G A
cer at y drws, Dry - cha 'nôl am un tro ar - all, Tro'r go - le mas,
49 G A G A
Un cam at y chwith, Ac un ar - all at y dde, A cher - dda i ffwrdd,
53 D
Cer - dda i ffwrdd, i ffwrdd.

CAROLINA

Nawr ti'n dweud bod ti'n gadel
I weld y byd a gweld y, gweld y cefnfor maith,
'Na i ddim crio, na, na,
Na byth difaru, na gofyn lle wyt ti chwaith.

Cytgan:
Mae llygaid yr haul ar Carolina,
Mae'n disgleirio i lawr ar Tupelo.
'Na i ofalu am y deryn a'r gwenyn i gyd,
A wnaiff fy meddwl ddim crwydro 'nôl,
Ddim crwydro yn ôl atat ti.

Ac os dd'ai o hyd i ti ar ddiwrnod da,
Yr awyr yn las heb neb i gwyno'n gas,
Yn gadarn a chywir ar ochr y bryn
Gyda'r afon yn ei lli, a'r ci, Luciano.

Pennill 1

Cytgan x 2

Os dyna ti moyn, pacia dy fag,
'Sdim angen nodyn, cer at y drws,
Drycha 'nôl am un tro arall,
Tro'r gole mas,
Un cam at y chwith,
Ac un arall at y dde,
A cherdda i ffwrdd,
Cerdda i ffwrdd, i ffwrdd.

CEIDWAD Y GOLEUDY

C G
Wrth gwrs fe gei di ger - dded ar hyd fy llwy - byr, Cei
Dm7 G C
fynd lle y myn - ni ar hyd fy nhir; Wrth gwrs fe gei di gasg -
G Dm7 G C
lu fy mlo-dau har - ddaf Dim ond i - ti a - ddo dweud y gwir.
G
Wrth gwrs fe gei di ger - dded i fy mw - thyn, Cei
Dm7 G C
gyn- nau y tân a hwyl - io'r te; Wrth gwrs fe gei di groe
G Dm7 G C
so ar fy ael- wyd Dimond i ti 'sbon-io be 'di be.
Cytgan F G 3 3 C F C
Dy-ma gân a - chub - wyd o don - nau y mo - roedd; Fe'i
F G E E7 Am
gwel-wyd y-no'n bo - ddi Gan geid - wad y go-leu - dy, Fe'i
F G E E7 Am F
cly - wodd yn gwei - ddi A wnei di f'a - chub i? Cân a oedd yn
G C G Am F G7
llith - ro Rhwngmur-iau llaith ang-ho - fio. Ceid-wad y go - leu-dy y-dwyf
C y tro olaf Am D7 F G7 C
i. i. ceid-wad y go - leu - dy y - dwyf i.

CEIDWAD Y GOLEUDY

Wrth gwrs fe gei di gerdded ar hyd fy llwybyr,
Cei fynd ble y mynni ar hyd fy nhir;
Wrth gwrs fe gei di gasglu fy mlodau harddaf,
Dim ond iti addo dweud y gwir.

Wrth gwrs fe gei di gerdded i fy mwthyn,
Cei gynnau y tân a hwylio'r te;
Wrth gwrs fe gei di groeso ar fy aelwyd,
Dim ond iti 'sbonio be 'di be.

Cytgan:
Dyma gân achubwyd o donnau y moroedd,
Fe'i gwelwyd yno'n boddi
Gan geidwad y goleudy;
Fe'i clywodd yn gweiddi
A wnei di f'achub i?
Cân a oedd yn llithro
Rhwng muriau llaith anghofio,
Ceidwad y goleudy ydwyf i.

Wrth gwrs fe gei di weddi wrth fy allor,
Rhoddaf glustiau fy Nuw yn eiddo i ti;
Wrth gwrs cei fedyddio dy blant yn nŵr fy ffynnon,
Os y gwnei di ddysgu 'ngharu i.

Cytgan +
Ceidwad y goleudy ydwyf i.

Mae hi'n gân serch syml iawn, ond mae'r gytgan yn sôn am y broses o sgwennu cân.
Emyr Huws Jones

(Emyr Huws Jones Ⓗ Sain)

CERDDWN YMLAEN

Bu'r Cym - ro yn cer - dded y llwyb - rau cy - ne - fin drwy'r oe - sau,
Yn cra - fu byw - ol - iaeth ddi - gy - sur o gae - nen o bridd, Yn
gwar - chod ei fy - wyd wrth war - chod y noeth - ly - mun er - wau, Wrth
gan - lyn yr a - rad a di - lyn yr og ar y ffridd.
Dring - odd y creig - iau a holl - todd y llech - faen yn gyw - rain,
Tur - iodd i grom - bil y ddae - ar i geib - io'r glo, Gwnaeth
gy - foeth i e - raill a gwe - lodd gy - feill - ion yn ge - lain, A
chy - foeth hen ffydd a hen eir - iau oedd ei gy - foeth o.
Cytgan
Ond cer - ddwn ym - laen, cer - ddwn drwy ddŵr a thân, Cer - ddwn â
ffydd yn ein cân, Ym - laen; A
cher - ddwn ym - laen, Cer - ddwn drwy ddŵr a thân, Cer - ddwn â
ffydd yn ein cân, Ym - laen, cer - ddwn ym - laen. Bu

CERDDWN YMLAEN

Bu'r Cymro yn cerdded y llwybrau cynefin drwy'r oesau,
Yn crafu bywoliaeth ddigysur o gaenen o bridd,
Yn gwarchod ei fywyd wrth warchod y noethlymun erwau,
Wrth ganlyn yr arad a dilyn yr og ar y ffridd.
Dringodd y creigiau a holltodd y llechfaen yn gywrain,
Turiodd i grombil y ddaear i geibio'r glo,
Gwnaeth gyfoeth i eraill a gwelodd gyfeillion yn gelain,
A chyfoeth hen ffydd a hen eiriau oedd ei gyfoeth o.

Cytgan:
Ond cerddwn ymlaen,
Cerddwn drwy ddŵr a thân,
Cerddwn â ffydd yn ein cân,
Ymlaen;
A cherddwn ymlaen,
Cerddwn drwy ddŵr a thân,
Cerddwn â ffydd yn ein cân,
Ymlaen, cerddwn ymlaen.

Bu farw Llywelyn Llyw Olaf y Cymry yng Nghilmeri.
Saith canrif yn ôl ar yr eira diferodd ei waed.
Ar bicell fe gariwyd ei ben ar hyd heolydd Llundain
A'r dorf yn crochlefain i ddathlu'r fuddugoliaeth a gaed.
Saith canrif o ormes caethiwed a gafwyd ers hynny,
Saith canrif o frwydro a diodde dan gyfraith y Sais,
Ond er dichell pob bradwr a chynllwyn pob taeog a chachgi
Mae'r Cymry ar gerdded, a'r bobol yn codi eu llais.

Cytgan

(Dafydd Iwan Ⓗ Sain)

CERRIG YR AFON

F Dm
Mae'r pell-ter yn fy chwa - lu i, Ond mi ddawn-siaist i d'al-aw dy hun,
F B♭ F
Fel de-ryn dros ffrwyd-riad y chwa - rel, Dy ga-lon yw cur-iad y cŷn,
Dm G7 C
Dy ga-lon yw cur-iad y cŷn, Dy ga-lon yw cur-iad y cŷn. Sgwrs
F Dm F B♭
ar-all dros y gwif - rau, Dy ei-riau'n llo-sgi'r pyst, Ti'n fy holl-ti i fel y
F B♭
lle-chen las Ond dy a-na-dl yw me-lo-di'r glust, Dy a-na-dl yw me-lo-di'r glust.
C Cytgan F Gm7
Ond mi gudd-iaist dy ga - lon dan ger-rig oer yr a-fon, Do mi gudd-iaist dy ga - lon dan
F Gm7
ger-rig oer yr a-fon, Mi gudd-iaist dy ga - lon dan ger-rig oer yr a - fon,
1. F 2. F
Cer-rig oer yr a - fon. Yn y bo-ra 'dan ni o-ra. Yn y
B♭ F
nos fy-ddai'n 'sgo-ta. Yn dy ffos yn ym-go-lli. Ond
Gm7 F
ni'di'r 'sgo-twrs dwy-lo go - ra, Y ni'di'r 'sgo-twrs dwy-lo go - ra. Ha, ha, y
Gm7 F
ni 'di'r 'sgo-twrs dwy-lo go - ra. Y ni 'di'r 'sgo-twrs dwy-lo go - ra.

CERRIG YR AFON

Mae'r pellter yn fy chwalu i,
Ond mi ddawnsiaist i d'alaw dy hun,
Fel deryn dros ffrwydriad y chwarel,
Dy galon yw curiad y cŷn,
Dy galon yw curiad y cŷn,
Dy galon yw curiad y cŷn.

Sgwrs arall dros y gwifrau,
Dy eiriau'n llosgi'r pyst,
Ti'n fy hollti i fel y llechen las,
Ond dy anadl yw melodi'r glust,
Dy anadl yw melodi'r glust.

Cytgan:
Ond mi guddiaist dy galon dan gerrig oer yr afon,
Do, mi guddiaist dy galon dan gerrig oer yr afon,
Mi guddiaist dy galon dan gerrig oer yr afon,
Cerrig oer yr afon.

Mi sgwennaist ein henwau ar garreg
A'i thaflu i mewn i'r heli,
Mi chwerthaist ar fy mhen sawl gwaith,
Ond ymgollaist ym mhlu fy ngwely,
Ymgollaist ym mhlu fy ngwely.

Cytgan 2:
Ond mi guddiaist dy galon dan gerrig oer yr afon,
Do, mi guddiaist dy galon dan gerrig oer yr afon,
Mi guddiaist dy galon dan gerrig oer yr afon.
Ond ni 'di'r 'sgotwrs dwylo gora,
Y ni 'di'r 'sgotwrs dwylo gora,
Ha ha, y ni 'di'r 'sgotwrs dwylo gora.
Yn y bora 'dan ni ora,
Yn y nos fydda i'n 'sgota , yn dy ffos, yn ymgolli.
Ond ni 'di'r 'sgotwrs dwylo gora,
Y ni 'di'r 'sgotwrs dwylo gora,
Ha ha, y ni 'di'r 'sgotwrs dwylo gora.
Y ni 'di'r 'sgotwrs dwylo gora,
Y ni 'di'r 'sgotwrs dwylo gora.

Ond rŵan ti'n hogan fawr,
Ac yn sefyll ar ddwy droed dy hun,
Mae'n dawel yn y chwarel,
Ond mi glywaf dinc y cŷn,
Mi glywaf dinc y cŷn, mi glywaf dinc y cŷn.

Cytgan 2

(Iwan 'Iwcs' Roberts/John Doyle Ⓗ AWY Music)

COFIO DY WYNEB

D Bm Em A G
Dwi'n co-fio gweld y lleu - ad yn wyn fel___ yr haul a'r ty-wod fel
Em A D F♯m
ei - ra yn y go - lau.___ Dy law di yn fy llaw i'n oer a'th
G Em Bm A
drwyn fel trwyn es - gi - mo ond dy - ma be dwi'n go - fio o - rau___
Cytgan
3
G D G D
___ (dwi'n) Co fio dy wy - neb___ yn ed-rych ar fy wy - neb,___
Em G D F♯m
___ dy ly-gaid___ yn ed-rych i fy lly-gaid,___ dy law___
A G A G D
___ ar fy ys- gwydd___ a'th ga-lon ym mho-ced ce - sail fy nghôt.

COFIO DY WYNEB

Dwi'n cofio gweld y lleuad yn wyn fel yr haul
a'r tywod fel eira yn y golau.
Dy law di yn fy llaw i'n oer a'th drwyn fel trwyn esgimo
ond dyma be dwi'n gofio orau, dwi'n

Cytgan:
Cofio dy wyneb yn edrych ar fy wyneb,
dy lygaid yn edrych i fy llygaid,
dy law ar fy ysgwydd
a'th galon ym mhoced cesail fy nghôt.

Dyw Benllech ddim yn nefoedd, 'nenwedig yn yr haf,
ond roedd dy gwmni di yn ei wella,
ond 'chydig a wyddwn i fod y tywydd ar droi
a 'mod i ar fin dy golli.

Cytgan

Nid af i Benllech eto, mae'r haf wedi mynd
a'r ceir yn mynd yn ôl dros bont Menai,
a gadael a wnaethost ti a gwn na ddoi di byth yn ôl
ond eto pan ddaw'r haf mi fydda i'n

Cytgan

Mae Ems yn awdur rhai o'r caneuon hyfrytaf a thristaf yn yr iaith Gymraeg… mae'n gysurwr eneidiau unig neu'n gyfannwr calonnau briw.
Lyn Ebenezer

(Emyr Huws Jones Ⓗ Sain)

COFFI DU

Dm G Dm G
Dwi ang-en co-ffi yn y bo-ra I ddeffro'r lly-gaid trwm,
Dm G Dm G
'Sna ga i go-ffi yn y bo-ra Fy mhen i'n tei-mlo'n llwm.
Dm G Dm G
Dwi'n dis gyn a-llan o 'ngwe - ly A rhoi'r te-gell 'mlaen yn syth,
Dm G Dm G
Cytgan
A -gor pa-ced ffres o go-ffi, A -ro-gl hyn-ny'n wych. O, co- ffi
Dm G Dm
du, co-ffi du, o ty'd â cho-ffi du i mi. O, co - ffi du, co- ffi du, dwi 'sho
G Dm
co - ffi du cry. O, co - ffi du, co - ffi du, o ty'd â
G Dm G
cho- ffi du i mi. O, co- ffi du, co- ffi du, dwi 'sho co- ffi du cry.

Dwi angen coffi yn y bora
I ddeffro'r llygaid trwm,
'Sna ga i goffi yn y bora
Fy mhen i'n teimlo'n llwm.
Dwi'n disgyn allan o 'ngwely
A rhoi'r tegell 'mlaen yn syth,
Agor paced ffres o goffi,
Arogl hynny'n wych.

Cytgan:
O, coffi du, coffi du, o, ty'd â choffi du i mi,
O, coffi du, coffi du, dwi 'sho coffi du cry.
O, coffi du, coffi du, o, ty'd â choffi du i mi,
O, coffi du, coffi du, dwi 'sho coffi du cry.

Dwi'n hedio trwy'r drws
A mẁg o goffi yn fy llaw,
Rhaid fi yfed yn y car
Dwi fod yn gwaith erbyn naw.
Mae'r coffi yn fy ngwaed
Am fod y mẁg yn dod i ben,
Mae o'n cylchredeg at fy nhraed
Ac yn carlamu i fy mhen.

Cytgan

Dwi'n eistedd wrth fy ngwaith,
Mae'r effaith yn lleihau,
Hen bryd cael coffi arall
I gadw'r cysglyd fi ar fau.
Dwi'n hedio lawr i'r gegin gefn,
Rhaid bo 'na goffi – genna i ffydd,
Neith hi goffi neu ddau arall
Cyn fi weld diwedd dydd.

Cytgan

Dydd 'di dod i ben
A dwi methu dod i lawr,
Dwi'n troi a throsi yn fy ngwely,
Tydi cysgu ddim yn hawdd;
Dwi'n goro deffro yn y bora,
Dwi'n goro mynd yn ôl i 'ngwaith,
Ond o leia' genna i goffi
I yfed ar fy nhaith.

Cytgan

(Paul Thomas ⓗ Rasal Miwsig)

COLLI IAITH

Em
Am
Em
B
Co-lli iaith a cho-lli ur-ddas, Co-lli a-wen, co-lli bar-ddas, Co-lli

6
Em
Am
Em
B
tro olaf
Em
co-ron aur cym-dei-thas, Ac yn eu lle cael brat-iaith fas. daith.

COFIWCH
DRYWERYN

Llun: Philip Thomas

COLLI IAITH

Colli iaith a cholli urddas,
Colli awen, colli barddas,
Colli coron aur cymdeithas,
Ac yn eu lle cael bratiaith fas.

Colli'r hen alawon persain,
Colli'r corau'n diasbedain,
Colli tannau'r delyn gywrain,
Ac yn eu lle cael clebar brain.

Colli crefydd, colli enaid,
Colli ffydd yr hen wroniaid,
Colli popeth glân a thelaid,
Ac yn eu lle cael baw a llaid.

Colli tir a cholli tyddyn,
Colli Elan a Thryweryn,
Colli Claerwen a Llanwddyn,
A'r wlad i gyd dan ddŵr llyn.

Cael yn ôl o borth marwolaeth
Cân a ffydd a bri yr heniaith,
Cael yn ôl yr hen dreftadaeth
A Chymru'n cychwyn ar ei hymdaith.

(Meredydd Evans/Harri Webb Ⓗ Meic Stephens)

CŴN A'R BRAIN

A F♯m D A
Hi, Sant-es Mel - ang - ell, Merch i ben-de-fig, fe - lly jyst gwran-dewch
D A B7 E
Ar ei ha-nes yn chwi - lio am hedd-wch Yng-hlwm i ddwfn seg- ur - dod.
A F♯m D A
Ei thad yng-hyd â'i wei - sion Aeth i chwi-lio am ferch a - fra-dlon
D A B7
Ac we-di'i gweld tor - rodd ei ga - lon. Gwaedd-odd nerth ei chroen.
Cytgan
A E A E
Dwi'n driw i'r tir a'r graig, Yng-hlwm i la-nw a thrai,
A E
Byw rhwng y cŵn a'r brain.
Ar ôl Cytgan 2
A E
Sto-ri am war- ed - iad go-leu-ni'r gwyll.
A E B7 A E
Dy-ma gân blo-deu - gerdd Me-lang- ell. Ni we-lodd neb pryd -fer - thach,
A E A E
Ca'dd ei da-ro'n ôl. Sto-ri am wa-re - diad,
A E B7 E
Dy - ma gân blo-deu - gerdd Me-lang -ell, Sydd rhwng y cŵn a'r brain.

CŴN A'R BRAIN

Hi, Santes Melangell,
Merch i bendefig, felly jyst gwrandewch
Ar ei hanes yn chwilio am heddwch
Ynghlwm i ddwfn segurdod.

Ei thad ynghyd â'i weision
Aeth i chwilio am ferch afradlon
Ac wedi'i gweld torrodd ei galon,
Gwaeddodd nerth ei chroen.

Cytgan:
Dwi'n driw i'r tir a'r graig,
Ynghlwm i lanw a thrai,
Byw rhwng y cŵn a'r brain.

Yna yn ei syndod
Rhyw fonheddwr ddaeth heibio rhyw ddiwrnod
I hela â'i gŵn am ysgyfarnogod
Ar hynt ar grwydr arfog.
Wedi ei gornelu
Gyda'i fwa a saeth mae'n anelu
A hithau'n sefyll o'i flaen yn 'i lygadu,
A'i fintai aeth yn fud heb rybudd.

Cytgan +
Stori am waredíad goleuni'r gwyll,
Dyma gân blodeugerdd Melangell.

Ni welodd neb prydferthach.
Ca'dd ei daro'n ôl.
Stori am waredíad,
Dyma gân blodeugerdd Melangell
Sydd rhwng y cŵn a'r brain.

Ti gododd fwganod
Er mwyn corddi ei isymwybod
Ac i ddidol ei gledd drwy'i gryndod,
Teimlodd ias mor anghyfarwydd.

Cytgan x 2

(Gwynedd, Gwynedd, Siôn, Tame Ⓗ Townhill Music Ltd.)

CWSG, OSIAN

Cytgan
G C D C D G
Cwsg, O-sian, cwsg yn glyd Yn dy hu-dol grud. Cwsg hei-bio
6
C D C D G
1.2.
C Pennill G
brad a llid, Cwsg er rhwysg dy fyd. Tra bo gwae, a thra bo
11
C G D
ang-au main, Tra bo'r cledd yn rhydd o'r wain, Cwsg ym-laen. Fe
14
C D C D
la - dda'r dydd dy of - nau cudd, Cwsg ym - laen,
16
C D
3 G
cwsg ym - laen, cwsg ym - laen. fyd.

CWSG, OSIAN

Cwsg, Osian, cwsg yn glyd
Yn dy hudol grud.
Cwsg heibio brad a llid,
Cwsg er rhwysg dy fyd.
Tra bo gwae, a thra bo angau main,
Tra bo'r cledd yn rhydd o'r wain,
Cwsg ymlaen.
Fe ladda'r dydd dy ofnau cudd,
Cwsg ymlaen, cwsg ymlaen, cwsg ymlaen.

Cwsg, Osian, cwsg yn rhydd.
Cwsg rhag bod yn brudd.
Cwsg gyda'th freuddwyd gudd,
Cwsg, fe ddaw y dydd.
Daw rhyw swyn y don, rhyw freuddwyd mwyn,
Daw rhyw ryddid rhag dy gŵyn,
Cwsg yn fwyn.
Daw hudol ddydd, cei fyw yn rhydd,
Cwsg yn fwyn, cwsg yn fwyn, cwsg yn fwyn.

Cwsg, Osian, cwsg yn glyd
Yn dy hudol grud.
Cwsg heibio brad a llid,
Cwsg er rhwysg dy fyd.

(Cleif Harpwood/Alun Sbardun Huws Ⓗ Sain)

CYMRU, LLOEGR A LLANRWST

C
Pryd ma lly-gad fi jyst yn me-thu sy - mud o'r gong-ol,
5
Weith-ia mae'n sbi - o och-or y-ma ond 'dio byth yn ddi-go - nol.
9
Hei, rhyw-un yn go-fyn wrth-a i "Beth sydd ar werth y -ma he - no?"
13
Tro-si a thro-si yn fy medd-wl, does 'na ddim byd y- no.
18
Cytgan
F
C
Sôn am - dan Cym-ru, Lloe-gr a Llan-rwst.
24
F
Sôn am - dan Cym-ru, Lloe-gr a Llan - rwst.
29
C
Ar ôl Cytgan 2
Am
D
Os ti'm yn gwy-bod be sy'n iawn, Wel, paid ag
33
Am
eis-tedd y - na'n gwe - nu. Os dwi'm yn gwy-bod be dwi'n dweud,
36
D
Am
Wel, paid â chwerth-in ar fy mhen i, ar fy
40
D
Am
G
mhen i, ar fy mhen i Na.

CYMRU, LLOEGR A LLANRWST

Pryd ma llygad fi jyst yn methu symud o'r gongol,
Weithia mae'n sbio ochor yma ond 'dio byth yn ddigonol.
Hei, rhywun yn gofyn wrtha i, "Beth sydd ar werth yma heno?"
Trosi a throsi yn fy meddwl, does 'na ddim byd yno.

Cytgan:
Sôn amdan Cymru, Lloegr a Llanrwst.
Sôn amdan Cymru, Lloegr a Llanrwst.

Pryd mae'r byrddau'n dechrau fflio dwi jyst yn eistedd yma'n llonydd,
Dyma'r unig amser pryd dwi byth yn teimlo'n aflonydd.
Heno gwaed a gwydyr ar y llawr yn y toiledi,
Ond alla i ddim cydymdeimlo hefo sgwadi.

Cytgan

Os ti'm yn gwybod be sy'n iawn,
Wel, paid ag eistedd yna'n gwenu.
Os dwi'm yn gwybod be dwi'n dweud,
Wel, paid â chwerthin ar fy mhen i, ar fy mhen i, ar fy mhen i.
Na.

Rhywun yn gofyn wrtha i, "Hei, beth sydd ar waith yma heno?"
Trosi a throsi yn fy meddwl, does 'na ddim byd yno.
Tyrd hefo fi lle 'di'r anifeiliaid byth yn mentro
A gawn ni siarad am Gymru, Lloegr a Llanrwst unwaith eto.

Cytgan

(Y Cyrff Ⓗ Y Cyrff)

CHWARA DY GÊM

Am Em
Bo-re da,__ ti i - sho pa- nad?_ Ti'n
4 Am Em Am
bryd - ferth yn dy gwsg, ond ti'm yn at - eb.__ Ma'r ad-ar mân yn dech-rau
7 Em Am Em Cytgan G Dm
ca- nu__ Yn bryd-ferth fel dy gwsg, ym mhlu fy ngwe-ly. Daw'r haul drwy y
11 Am C Am
ffen - est__ A dy dde-ffro di._ Ed -rych-aist i fyw fy llyg-aid, Ti'n rhoi dy
15 G Am G
ddi-llad ym-laen,__ Ti'n cau y drws, mae 'na ddrwg yn y caws A
17 F E7 Am G
min -na'n myn-nu gwy-bod be_sy'n dy boe- ni di.__ Wir i ti, ty-dwi'm e-fo neb ar-all, Neu
19 F E7 Am G
chdi sy'n lic -io chwa -ra dy gêm.__
21 F E7 Am G F E7
O,__ ti'n lic- io chwa-ra dy gêm.__

CHWARA DY GÊM

Bore da, ti isho panad?
Ti'n brydferth yn dy gwsg, ond ti'm yn ateb.
Ma'r adar mân yn dechrau canu
Yn brydferth fel dy gwsg, ym mhlu fy ngwely.

Cytgan:
Daw'r haul drwy y ffenest
A dy ddeffro di.
Edrychaist i fyw fy llygaid,
Ti'n rhoi dy ddillad ymlaen,
Ti'n cau y drws, mae 'na ddrwg yn y caws
A minna'n mynnu gwybod be sy'n dy boeni di.
Wir i ti, tydw i'm efo neb arall.
Neu chdi sy'n licio chwara dy gêm.
O, ti'n licio chwara dy gêm.

Mae'r wawr 'di dod yn gynt na'r disgwyl,
Mae'r llenni'n dal ar gau mewn byd mor drwsgwl.
Oes 'na bwynt ffonio fyny?
Fedra i wir ddim meddwl yn glir, a phenderfynu.

O, ti'n licio chwara dy gêm.
O, ti'n licio chwara dy gêm.
O, ti'n licio chwara dy gêm.
O, ti'n licio chwara dy gêm.
O, ti'n licio chwara dy gêm.
O, ti'n licio chwara dy gêm.

Dwi wrth y bar, yn dechrau blasu,
Mae awyr iach y gêm 'di cael ei lygru.
Ia chdi oedd yn gefn i mi,
Ia yr asgwrn yn fy nghefn.
Ond ti 'di'i bachu hi.

Cytgan

(Gareth John Thomas/Ceri Cunnington Ⓗ Sain)

CHWARAE'N TROI'N CHWERW

C
Pennill 1,2 a 4
Mae'th fy-wyd di_ yn dde - dwydd, rwyt ti'n
F
C
fod - lon ar_ dy fyd,_ Ond mae 'na
C
C
G
G7
ryw-beth bach yng nghefn dy ben syn'n dy boe-ni di_ o hyd. Ti'n
C
F
C
syr-thio mewn i'r fa-gl, gan w-bod be_ 'di be,_ A does
D
D7
G
G7
Cytgan
dim ar ôl_ ond rhyw syn-iad ffôl_ yr eith po-peth 'nôl_ i'w le,_ Ac mae chwa-
C
F
C
F
C
rae'n troi'n chwe-rw A'r gwin yn troi'n sur,_ Mae'r wên yn troi'n dda - grau A'r
C
G
C
F
wefr yn troi'n gur,_ Ac os wyt ti'n rhyw - le yn gwran-do ar_ fy nghân,
C
G7
C
_ Co-fia bod chwa-rae'n troi'n chwe - rw_ wrth chwa-rae 'fo tân._
C7
Pennill 3
F
G
C
F
G
C
_ Mae'th fy-wyd yn_ rhy fyr,_ ac am-ser yn mynd yn brin._ Ti'n
F
E
E7
Am
D
D7
G
ym-ladd â'th_ gyd-wy - bod, Ond yn fod-lon il - dio ar ddim._ Ti'n

CHWARAE'N TROI'N CHWERW

Mae'th fywyd di yn ddedwydd, rwyt ti'n fodlon ar dy fyd,
Ond mae 'na rywbeth bach yng nghefn dy ben sy'n dy boeni di o hyd.
Ti'n syrthio mewn i'r fagl gan wybod be 'di be,
A does dim ar ôl ond rhyw syniad ffôl yr eith popeth 'nôl i'w le,

Cytgan:
Ac mae chwarae'n troi'n chwerw
A'r gwin yn troi'n sur,
Mae'r wên yn troi'n ddagrau
A'r wefr yn troi'n gur,
Ac os wyt ti'n rhywle yn gwrando ar fy nghân,
Cofia bod chwarae'n troi'n chwerw wrth chwarae 'fo tân.

Ac yna bob yn dipyn mae'r darnau'n dod ynghyd,
Ti'n dod i ddeall sut mae cael y gorau o ddau fyd,
Mae'n dod yn haws deud celwydd sy'n swnio fel y gwir,
A ti'n gwbod yn iawn fod dy gwpan yn llawn a'r ffordd o'th flaen yn glir.

Cytgan

Mae'th fywyd yn rhy fyr, ac amser yn mynd yn brin,
Ti'n ymladd â'th gydwybod,
Ond yn fodlon ildio ar ddim.

Ti'n trio peidio gwrando ar y geiriau yn dy ben
Sy'n cyffwrdd â'r gwirionedd, sy'n gudd tu ôl i'r llen.
Ti'n trio cau dy lygaid ar beth a sut a phwy,
A ti'n gweld yn glir bod pob dim yn wir a bod y gwir yn brifo mwy.

Cytgan x 2

(Myfyr Isaac/Caryl Parry Jones Ⓗ Sain)

DALA FE 'NÔL

Ti'n clyw-ed y gri o hyd o hyd Fod 'na rw-beth bach yn poeni pawb o hyd,
Braw-ddeg sy'n dod a mynd ac yn dod yn ôl. Mae'r pap-ur yn dweud fod ti werth dim byd A'r
rad-io'n hawl-io bod ti'n gwbod e gyd, Rhaid i ti lyn-cu dy boer a gwei-ddi, wel roc a rôl.
Un - waith ti'n bo - ddi Sgen ti'm go-baith gweld y lan,
Dal mlaen at fo - ry, Ta-se fe mond am add-e-wid gwan.
Cytgan
Da-la fe 'nôl, Da-la fe 'nôl a car-iad Gei di'r cyf-an yn ôl.
Pop-eth oedd gen ti ddech-re Rhaid ti fedd-wl yn fras, Cyn i ti syl-we-ddo-li Fydd y
byd 'ma i gyd ar blât Hei, ei, ei. Da-la fe 'nôl, Da-la fe 'nôl a car-iad Gei di'r
cy-fan yn ôl. Pop-eth oedd gen ti ddech-re Rhaid ti fedd-wl yn fras,
Cyn i ti syl - we-ddo-li Fydd y byd 'ma i gyd ar blât.
Pennill 3
Ma
gei - rie'n gry ond dyw gei-rie'm yn holl-ti es - gyrn, Ma dy es- gyrn di 'di gweld

39
Am
Em
dydd-ie gwaeth na hyn,
Dim ond un gair, dim ond un gair, dim ond un gair,
42
Am
Em
Am
dy-na'r cy-fan yw e, Yn-o'n yr aer, yn-o'n yr aer, yn-o'n yr aer, yn-o'n troi a throe-lli,
45
Em
Am
Taf-la fe 'nôl, taf-la fe 'nôl, taf-la fe 'nôl, a gewn ni weld
47
B7
E
y tro olaf
Am
pwy sy'n ffôl.
blât, Y byd 'ma ar blât.

Ti'n clywed y gri o hyd o hyd
Fod 'na rwbeth bach yn poeni pawb o hyd,
Brawddeg sy'n dod a mynd ac yn dod yn ôl.
Mae'r papur yn dweud fod ti werth dim byd
A'r radio'n hawlio bod ti'n gwbod e gyd,
Rhaid i ti lyncu dy boer a gweiddi, wel roc a rôl.
Unwaith ti'n boddi
Sgen ti'm gobaith gweld y lan,
Dal mlaen at fory
Tase fe mond am addewid gwan.

Cytgan:
Dala fe 'nôl,
Dala fe 'nôl a cariad, gei di'r cyfan yn ôl.
Popeth oedd gen ti i ddechre,
Rhaid ti feddwl yn fras,
Cyn i ti sylweddoli
Fydd y byd 'ma i gyd ar blât. Hei ei ei.
Dala fe 'nôl,
Dala fe 'nôl a cariad, gei di'r cyfan yn ôl.
Popeth oedd gen ti i ddechre,
Rhaid ti feddwl yn fras,
Cyn i ti sylweddoli
Fydd y byd 'ma i gyd ar blât.

Ma 'na wastad un sy'n mynnu dweud,
Dweud bod ti'n rhy fach i fedru gwneud,
Beth yn y byd ti'n wbod yn ddau ddeg saith?
Ond dim ond 'i oed sydd ganddo'n arf,
Dim ond 'i big a'i dipyn barf,
A tra wyt ti'n rhydd o'r ddau dwyt ti fymryn gwaeth.
Unwaith ti'n boddi
Sgen ti'm gobeth gweld y lan,
Dal mlaen at fory
Tase fe mond am addewid gwan.

Ma geirie'n gry ond dyw geirie'm yn hollti esgyrn,
Ma dy esgyrn di 'di gweld dyddie gwaeth na hyn,
Dim ond un gair, dim ond un gair, dim ond un gair, dyna'r cyfan yw e,
Yno'n yr aer, yno'n yr aer, yno'n yr aer, yno'n troi a throelli,
Tafla fe 'nôl, tafla fe 'nôl, tafla fe 'nôl a gewn ni weld pwy sy'n ffôl.

Cytgan x 2

(Fflur Dafydd Ⓗ Rasal Miwsig)

DISGYN (AMDANAT TI)

'Rioed 'di rhoi cred mewn gwyrth - ia, Roedd pob un dydd yn ddu,
Ond we-les i ti'n cer-dded am - da - na i. O'n i'n
me-ddwl am-dan y pryd Y cer-ddaist ti mewn i 'myd. O'n i'n
me-ddwl am-dan yr hud A ddoth â'r ddau o' ni yng - hyd.
Cytgan
We-les i 'rioed neb mor bryd-ferth, a cys - tal â ti, Pan dwi
ger ei bron dwi'n gw - bwl llon, Dwi 'di dis-gyn am-dan- at ti.

DISGYN (AMDANAT TI)

'Rioed 'di rhoi cred mewn gwyrthia,
Roedd pob un dydd yn ddu,
Ond weles i ti'n cerdded amdana i.
O'n i'n meddwl amdan y pryd
Y cerddaist ti mewn i 'myd,
O'n i'n meddwl amdan yr hud
A ddoth â'r ddau o' ni ynghyd.

Cytgan:
Weles i 'rioed neb mor brydferth, a cystal â ti,
Pan dwi ger ei bron dwi'n gwbwl llon,
Dwi 'di disgyn amdanat ti.

Bach oedd y gyfartaledd
O ni ein dau yn cwrdd,
Ond cusanaist ti dy fysedd,
A chwythu i ffwrdd.
O'n i'n meddwl amdan y pryd
Y cerddaist ti mewn i 'myd,
O'n i'n meddwl amdan yr hud
A ddoth â'r ddau o' ni ynghyd.

Cytgan

(Meilir Gwynedd/Osian Gwynedd Ⓗ Meilir ac Osian Gwynedd)

DWI'N AMA DIM

E A E B
Mae'r haul yn t'wyn-nu ar - nai mwy na 'rioed y dy-ddia hyn, A'r
6
A B E
wawr 'di mynd yn rhyw-beth gwerth ei gweld. Ma gei-ria'r pro-ffwyd u-
11
A E B A
-nig 'na yn a-ros yn fy mhen, Cre-da di yn dy hun ac
16
B B7 Cytgan A E B
ei di yn ei - tha pell. A'r ffordd dwi'n tei-mlo nawr, Dwi'n a-ma dim.
21
E A E B7 E
A'r ffordd dwi'n tei-mlo nawr, Dwi'n a-ma dim.
26
Ar ôl Cytgan 2
A B E A
Wo, a gei di well na hyn? W, w,
31
B F♯m A E B
Dwi'n a- ma dim, Wo, wo, dwi'n a -ma dim. Dwi'n a -ma dim.
36
F♯m A E B F♯m
Wo, wo, dwi'n a-ma dim. Dwi'n a - ma dim, Wo
41
A E B
Wo. Dwi'n a - ma dim. Dwi'n a - ma dim.
44
F♯m A E B
Wo, wo, dwi'n a-ma dim. A'r

DWI'N AMA DIM

Mae'r haul yn t'wynnu arna i mwy na 'rioed y dyddia hyn,
A'r wawr 'di mynd yn rhywbeth gwerth ei gweld.
Ma geiria'r proffwyd unig 'na yn aros yn fy mhen,
Creda di yn dy hun ac ei di yn eitha pell.

Cytgan:
A'r ffordd dwi'n teimlo nawr,
Dwi'n ama dim.
A'r ffordd dwi'n teimlo nawr,
Dwi'n ama dim.

Ma rhagrith yr awdurdod 'ma yn dal i 'nghorddi i,
Er nawr ella i eto godi 'mhen.
Dwi'n cofio'r geiria dwythaf a siaradwyd gan fy nhad,
"Machgen i, y tro 'ma, ti 'di glanio ar dy draed."

Cytgan

Wo, a gei di well na hyn?
W, w, dwi'n ama dim.
Wo, wo, dwi'n ama dim.
Dwi'n ama dim.
Wo, wo, dwi'n ama dim.
Dwi'n ama dim.
Wo, wo, dwi'n ama dim.
Dwi'n ama dim.
Wo, wo, dwi'n ama dim.

Cytgan

(Barry Jones Ⓗ AWY Music)

DŴR

Am G F E Am G F E Am G F E Am G
Dŵr, dŵr, dŵr sy'n lli-fo dros y wlad,
8
F E Am G F E Am
Lle bu fy mam a 'nhad a'm bro-dyr a'm chwi-or-ydd a minn-au'n byw.
12
G F E Am G F E
Daeth y Saes-on gy-da'u stŵr I os-od haen o
16
Am G F E Am C
ddŵr mor dy-ner ac mor dir-ion Dros drig-fan-nau 'mro. Dy-ma lle bu'r cae-
20
E Am E Am
au, dy-ma lle bu'r coed, Lle rhe-dai plant y cwm
24
G E7 F G
yn ys-gafn droed. Dy-ma lle bu'r ysg-ol,
29
E Am F G E E7
dy-ma lle bu'r llan. Dy ma lle y bûm in-nau'n byw.

DŴR

Dŵr, dŵr, dŵr, sy'n llifo dros y wlad,
Lle bu fy mam a 'nhad a'm brodyr a'm chwiorydd
A minnau'n byw.
Daeth y Saeson gyda'u stŵr
I osod haen o ddŵr mor dyner ac mor dirion
Dros drigfannau 'mro.

Dyma lle bu'r caeau, dyma lle bu'r coed,
Lle rhedai plant y cwm yn ysgafn droed.
Dyma lle bu'r ysgol, dyma lle bu'r llan.
Dyma lle y bûm innau'n byw.

Dŵr, dŵr, dŵr, sy'n siglo yn yr awel
A'i wyneb o mor dawel a diniwed
Ac oer a glân.
Ond dyn gyda'i holl wybodaeth
Defnyddiodd rym llywodraeth i roi terfyn
Ar fywyd y dyffryn hwn.

Dyma lle bu'r ffermydd, dyma lle bu'r ffordd,
Dyma'r capel lle magwyd llawer bardd.
Dyma lle bu adlais lleisiau yn torri ar hirddydd haf.
Dyma lle y bûm innau'n byw.

Dŵr, dŵr, dŵr, fu'n gyfaill i mi'n blentyn,
A droed yn arf yn erbyn popeth sydd yn annwyl
Ac yn ddrud i mi.
Dŵr sy'n tewi lleisiau'r ffermwyr
Rhag blino yr ymwelwyr
A tharfu'r heddwch gyda'u sŵn.

Dyma'r dŵr sy'n drymach nag unrhyw garreg fedd
A'r distawrwydd na rydd byth i'r enaid hedd.
Dyma lle y claddwyd corff oedd eto'n fyw.
Dyma lle llofruddiwyd enaid bro, gan ddŵr,
Dŵr.

(Huw Jones Ⓗ Sain)

DYBL JIN A TONIC

F G C Am
Cer-dded stryd-oedd sydd yn ddi - arth, un o'r gloch y bo - re, a'r
3
F G C G Am F G
un - ig le sy'n 'go - red y - di San-jay's Ca-fe bar. Ma 'mhen i'n troi yn chwil a dwi'n
6
C Am F G C
stag - ro at y bar, "Car - iad, gin i sgriwyn rhydd, oes gen ti un yn
9
Am G Cytgan C Am
sbâr?" A dwi 'sio dy - bl
12
F G C Am F G
jin a ton - ic, sgwr - sio e - fo sgit - so - ffren - ic.
15
C F G C F
Dim ond fo a fi yn y bar, yn chwer - thin ar y boi e - fo'r gi - târ.
18
G C F C F
A, dim ond fo a fi, Dim ond fo a fi,
21
Dm G C Am F G
Dim ond fo a fi wrth y bar. Dy - bl jin a ton - ic.

DYBL JIN A TONIC

Cerdded strydoedd sydd yn ddiarth, un o'r gloch y bore,
a'r unig le sy'n 'gored ydi Sanjay's Cafe-bar.
Ma 'mhen i'n troi yn chwil a dwi'n stagro at y bar,
"Cariad, gin i sgriw yn rhydd, oes gen ti un yn sbâr? A dwi 'sio…

Cytgan 1:
dybl jin a tonic,
sgwrsio efo sgitsoffrenic;
dim ond fo a fi yn y bar,
yn chwerthin ar y boi efo'r gitâr.

Y ddinas yn fy nghuro'n oer, dwi 'rioed 'di bod mor alltud."
"Na finna," medda fo reit swil, "ond gwranda di yn astud;
tria di dy ora i fod yn glên bob bora ac mi weli
cyn bo hir y bydd petha'n dod yn well, efo…"

Cytgan 2:
dybl jin a tonic,
sgwrsio efo sgitsoffrenic;
dim ond fo a fi yn y bar,
yn chwerthin ar y boi efo'r gitâr.
A, dim ond fo a fi,
Dim ond fo a fi,
Dim ond fo a fi wrth y bar.

Ac wrth dynnu ar 'i sigarét a rwbio'i ll'gada cochion,
tynnu'i law drwy'i wallt hir brown a dangos ei ddannedd budron,
mae'n deud, "os ti'n byw'n y ddinas rhy hir,
ti'n clywed lleisiau," ar fy ngwir. Dwi 'sio

Cytgan 2 +
Dybl jin a tonic.

(Meinir Gwilym ℗ Cymru Muzic Cyf.)

DYRO WÊN I MI

Pennill
G D G C D G D
Rho i mi y wên sy'n da-tod clym-au'r byd yn syth, A rho i
G C D C♯m7 C7 Bm7 E7
mi y go-lau yn dy ly-gaid fydd am byth yn gweld pob du yn wyn.
Am7 D G D G
Dy-ro i mi beth o'r har- ddwch hyn. Am-bell waith mae
C D G D G
pe-thau'n ddrwg a thi'n cael bai ar gam, Ac rwy'n dy weld yn
C D C♯m7 C7 Bm7 E7
me-thu dallt ac ei-siau go-fyn pam y ffrae a pam y fi?
Cytgan
Am7 D G Em D11
Dy-ma beth sy'n tor-ri 'ngha-lon i. Dys-gu byw heb o-fal yn y byd,
D G B7 C Am G C D11
Mae car-iad i ti'n grud, Dim ond am-ser fydd yn tor- ri'r
Em D11 D Bm7 E7 Am7
hud. Gwe-laf yn nwfn dy ly - gaid di y di-ni-weid-rwydd cry, O,
D7 C D G C D G
dy - ro wên i mi. Dy-ro wên i mi.

DYRO WÊN I MI

Rho i mi y wên sy'n datod clymau'r byd yn syth,
A rho i mi y golau yn dy lygaid fydd am byth yn gweld pob du yn wyn.
Dyro i mi beth o'r harddwch hyn.

Ambell waith mae pethau'n ddrwg a thi'n cael bai ar gam,
Ac rwy'n dy weld yn methu dallt ac eisiau gofyn pam y ffrae a pam y fi?
Dyma beth sy'n torri 'nghalon i.

Cytgan:
Dysgu byw heb ofal yn y byd,
Mae cariad i ti'n grud,
Dim ond amser fydd yn torri'r hud.
Gwelaf yn nwfn dy lygaid di y diniweidrwydd cry.
O, dyro wên i mi.

Holi'n ddwys – pob ateb yn rhyfeddod newydd sbon,
Ac yn dy wên mae'r cariad pur sy'n toddi'r galon hon,
O gwrando ar fy nghri,
A dyro i mi beth o'th lendid di.

Cytgan x 2 +
Dyro wên i mi.

(Myfyr Isaac/Caryl Parry Jones Ⓗ Myfyr Isaac a Caryl Parry Jones)

ELDON TERRACE

E C♯m A
Ty'd i fyw e-fo fi yn El-don Ter-race,Gawn ni u-ffar o hwyl, mae'n
4
B E C♯m A
siŵr.__ An-wyb-ydd-wch y t'wy-llwch a'r ty-llau yn y wa-liau. Ca-dwch yn bell o'r
8
B C♯m B C♯m
dŵr.______ Awn i fy - ny'r gri - siau__ hei-bio'r llun-ia o ddy-ddiau 'di
12
B C♯m B A
bod.______ Mae pawb yn eu gwlâu yn awr, O mae'n am - ser i droi y
16
B E B7 C♯m E B7
rhod. Ac ma'r wa - liau'n binc,__ A dwi'n wyllt_ e-fo i- sio_mynd
23
C♯m F♯m7 C♯m F♯m7
'nôl.____ A chdi-tha yn fan-'na___ a fi-nna fan
27
C♯m F♯m C♯m B
hyn, Go-fyn- nwch i mi____ pwy sy'n ffôl.______
32
D A D A
Yn El - don Terr- ace,____ 'dan ni'n creu ha - nas,____
36
D A B
Yn El - don Ter-race____ yn Nym-bar Wan._

ELDON TERRACE

Ty'd i fyw efo fi yn Eldon Terrace,
Gawn ni uffar o hwyl, mae'n siŵr.
Anwybyddwch y t'wyllwch a'r tyllau yn y waliau.
Cadwch yn bell o'r dŵr.
Awn i fyny'r grisiau heibio'r lluniau o ddyddiau 'di bod.
Mae pawb yn eu gwlâu yn awr,
O mae'n amser i droi y rhod.
Ac ma'r waliau'n binc,
A dwi'n wyllt efo isio mynd 'nôl.
A chditha yn fan'na a finna fan hyn,
Gofynnwch i mi pwy sy'n ffôl.
Yn Eldon Terrace, 'dan ni'n creu hanas,
Yn Eldon Terrace yn Nymbar Wan.

Mae'r ashtre arian ar ben y tanc pysgod
Yn haeddu ei lle fel y Cwîn,
Mae'r heating 'di torri am yr ail waith mewn wsnos
Ac mae Gibby yn andros o flin.
Ma Al yn y gegin, ei galon ar led i ni weld
Fod y bacwn yn llosgi a'r larwm yn canu,
Mae Siôn yn siŵr o ragweld
Fod y waliau'n binc,
A dwi'n wyllt efo isio mynd 'nôl.
A chditha yn fan'na a finna fan hyn,
Gofynnwch i mi pwy sy'n ffôl.
Yn Eldon Terrace, 'dan ni'n creu hanas,
Yn Eldon Terrace yn Nymbar Wan.

Ty'd i fyw efo fi yn Eldon Terrace,
Gawn ni uffar o wledd o fwyd,
Chicken an' cream a brechdana Maltesers
'Di neud gan y chef twp o Glwyd.
George Foreman yn c'nesu, y nwy yn llenwi y tŷ,
Mae'r zigzags yn tanio ac mae'r waliau pinc yn troi'n ddu.
Nid yw'r waliau'n binc,
A dwi'n wyllt efo isio mynd 'nôl.
A chditha yn fan'na a finna fan hyn,
Gofynnwch i mi pwy sy'n ffôl.
Yn Eldon Terrace, 'dan ni'n creu hanas,
Yn Eldon Terrace yn Nymbar Wan.

(Daniel Lloyd Ⓗ Rasal Miwsig)

ETHIOPIA NEWYDD

Rhyw -beth new-ydd ddaeth i'r fro, Gweld y wlad yn mynd o'i_ cho, Ieu-
enc- tid_ yn co-di_ ba-ner-i_ ac yn my-gu'r praidd. Mae'r re-bel wrth-i'n
cys- gu nawr, Yn gor-wedd y- na ar y llawr, Sdim go- lwg o'r ofn- au_ a
ber- odd_ i'w fyw-yd droi'n gwm- wl_ du. Ne-wydd-ion hedd - wch_ ddaeth am ddiw-
yll- iant_ y Com-an - do_ A chlust-iau Cym-ru_ fach yn clyw-ed
regg - ae ar y ra - dio,_ A gy - da hyn ym - hlith_ y
mi-ri_ a'r llaw-en - ydd Daw ys-fa sy-dyn_ am_ryw Eth- i - op - ia New-
- ydd. Dal dy dir._ Eth-i-op-ia New-ydd yn dy-fod cyn hir._ Dal dy dir.
_ Eth-i-op-ia New- ydd_ yn dy-fod cyn hir._ Dal dy dir._
Eth - i - op - ia New - ydd_ yn dy - fod cyn hir._ Dal dy dir.
_ Eth - i - op - ia New- ydd_ yn dy-fod cyn hir._

ETHIOPIA NEWYDD

Rhywbeth newydd ddaeth i'r fro,
Gweld y wlad yn mynd o'i cho,
Ieuenctid yn codi baneri ac yn mygu'r praidd.
Mae'r rebel wrthi'n cysgu nawr,
Yn gorwedd yna ar y llawr,
Sdim golwg o'r ofnau a berodd i'w fywyd droi'n gwmwl du.
Newyddion heddwch ddaeth am ddiwylliant y Comando
A chlustiau Cymru fach yn clywed reggae ar y radio,
A gyda hyn ymhlith y miri a'r llawenydd
Daw ysfa sydyn am ryw Ethiopia Newydd.
Dal dy dir. Ethiopia Newydd yn dyfod cyn hir.
Dal dy dir. Ethiopia Newydd yn dyfod cyn hir.
Dal dy dir. Ethiopia Newydd yn dyfod cyn hir.
Dal dy dir. Ethiopia Newydd yn dyfod cyn hir.

Pob un gwyneb ffawd yn sur,
Dim eira cariad ar y tir,
Mor ddiwerth â deilen grin ar goeden y genedl.
Mae'r genod a'r hogia'n gaeth,
Yn crwydo'n hir ar draws y paith,
Y rocars a'r gwalltia cyrliog yw dyfodol Gwalia'n awr.
Newyddion heddwch ddaeth o Amsterdam i Moscow
A chlustiau Cymru fach yn clywed reggae ar y radio
A gyda hyn ymhlith y miri a'r llawenydd
Daw ysfa sydyn am ryw Ethiopia Newydd.
Dal dy dir. Ethiopia Newydd yn dyfod cyn hir.
Dal dy dir. Ethiopia Newydd yn dyfod cyn hir.
Dal dy dir. Ethiopia Newydd yn dyfod cyn hir.
Dal dy dir. Ethiopia Newydd yn dyfod cyn hir.

Roedd persona dinesig Geraint Jarman yn cynnig dimensiwn arall i roc Cymraeg, pan oedd Cymru ar orymdaith i'w Hethiopia Newydd.

Hefin Wyn

(Geraint Jarman Ⓗ Sain)

FFRINDIA

Am G Am G Am
Does dim byd ar ôl i'w ga - ru.
Ffrin-dia bach,
6
G Am G
dach chi'm yn hel - pu.
Cytgan
Am G
Ffrin-dia,
lle ma'r a - te-
11
Am G Am G Am
- bion?
Ffrin-dia,
lle ry-dach chi nawr, nawr, nawr,
16
G D C D
nawr?
Mae'n an-odd wei - thia cy - mys- gu gy - da cwm - ni.
21
Am D
Mae'n an-odd wei - thia.
Rhe - sy-meg sy-
26
C D
ml,
'di o ddim yn dod i 'mhen i.
29
C D
Rhe - sy - meg sy - ml, sy - ml.

Does dim byd ar ôl i'w garu.
Ffrindia bach, dach chi'm yn helpu.

Cytgan:
Ffrindia, lle ma'r atebion?
Ffrindia, lle rydach chi nawr, nawr, nawr, nawr?
Mae'n anodd weithia cymysgu gyda cwmni.
Mae'n anodd weithia.
Rhesymeg syml, 'di o ddim yn dod i 'mhen i.
Rhesymeg syml, syml.

Peidiwch â gofyn i mi wenu.
Ffrindia bach, dach chi byth yn helpu.

Cytgan

(Maffia Mr Huws ℗ Sain)

GEIRIAU

Gwran- do,– gwran-do ar y geiriau o'r rhai sydd we-di ang-
hof- io, an-es-mwyth yw'r cy-syll-tiad; sia-rad, –
sia-rad gy-da brwd-fry-dedd am y fraint a'r an-rhy-dedd,
Cytgan
gei-riau heb deim-lad sy'n rhad. A gawn da-we-lwch nawr
o'r braw-ddeg-au niw-log sy'n me-ddwl
dim i ni, ffydd-lon-deb ffug, em-o-siwn ail law.

Gwrando, gwrando ar y geiriau
o'r rhai sydd wedi anghofio,
anesmwyth yw'r cysylltiad;
siarad, siarad gyda brwdfrydedd
am y fraint a'r anrhydedd,
geiriau heb deimlad sy'n rhad.

Cytgan:
A gawn dawelwch nawr
o'r brawddegau niwlog
sy'n meddwl dim i ni,
ffyddlondeb ffug, emosiwn ail law.

Geiriau, geiriau yn yr anialwch
sy'n hollol amherthnasol,
mae'r syrcas yn mynd ymlaen;
atebion, atebion sy'n ddigon syml
yn cael eu hateb yn fanwl
i guddio'r twyllo a'r brad.

Cytgan

Gwrando, gwrando ar y geiriau
o'r rhai sydd wedi anghofio,
anesmwyth yw'r cysylltiad;
siarad, siarad gyda brwdfrydedd
am y fraint a'r anrhydedd,
geiriau heb deimlad sy'n rhad.

(Richard Jones Ⓗ Cyhoeddiadau Mwldan)

GERFYDD FY NWYLO GWYN

C F Dm G
Ger-fydd fy nwy - lo gwyn, Y dwy - lo gwyn-na 'rioed,
3 C Am Em F C F
Cod fi o fan hyn o dŷ fy nhad, Ger-fydd fy nwy-lo gwyn Dros y
6 Dm G Am F C G
cae-au, dros y coed, Dros bob llan-nerch, dros bob llyn A phob di-nas, dros bob
9 C F Dm G
gwlad. Gad i mi weld y byd, Pob un gong-ol fach o - ho- no,
12 C Am Em F C F
Pob un cor - nel stryd ym-hob un dre. Gad i mi weld y byd Fel na
15 Dm G Am F C G C
we-lais i mo-ho - no, Y del-wa ar eu hyd A'r bo-bol yn eu lle.
19 Cytgan Am F
Da-cw'r wal i gyd yn cry- nu. Da-cw'r plant i gyd yn bag- lu.
21 Am F
Da-cw'r ddy - nes a'i dwy law Yn tri-o'u dal nhw i gyd nes daw 'na
23 Dm F C G7
Ryw-un hei-bio te-byg i ni. Ww.

GERFYDD FY NWYLO GWYN

Gerfydd fy nwylo gwyn,
Y dwylo gwynna 'rioed,
Cod fi o fan hyn o dŷ fy nhad,
Gerfydd fy nwylo gwyn
Dros y caeau, dros y coed,
Dros bob llannerch, dros bob llyn
A phob dinas, dros bob gwlad.

Gad i mi weld y byd,
Pob un gongol fach ohono,
Pob un cornel stryd ymhob un dre.
Gad i mi weld y byd
Fel na welais i mohono,
Y delwa ar eu hyd
A'r bobol yn eu lle.

Cytgan:
Dacw'r wal i gyd yn crynu.
Dacw'r plant i gyd yn baglu.
Dacw'r ddynes a'i dwy law
Yn trio'u dal nhw i gyd nes daw 'na
Rywun heibio tebyg i ni.
Ww.

Gad i mi weld y llys
Lle mae'r hogyn bach yn chwarae
Yn llewys gwyn ei grys yn cicio'i bêl.
Gad i mi weld y llys
Lle mae'r byd yn troi yn ara
Rhwng y bawd a'r bys,
Yn felys ac yn fêl.

Gad i mi weld y tai
Lle bo'r llenni i gyd ynghau.
Gad i mi weld yr haul heb weld yr haf.
Gad i mi weld y tai
Lle mae gofid yn y gwaed,
Lle mae'r plant fel pe na bai
Byth newyddion da.

Cytgan

Dyro dy law i ni
Ac mi awn i ben y mynydd.
Mae 'na ffordd yn bod
Ond dim ond plant sy'n gwybod lle.
Dyro dy law i ni
Ac mi sbïwn ar y gwledydd,
A'r lonydd sydd yn dod
O'r gogledd ac o'r de.
O'r gogledd ac o'r de.

(Les Morrison/Pwyll ap Siôn/Twm Morys
Ⓗ AWY Music)

GITÂR YN Y TO

A
Gy-da'r nos, dwi'n eis - tedd yn y da - farn,
5
Yn gneud dim a dweud dim.
B
Gneud dim byd
10
trw'r dydd Ond gwran - do ar y ra - dio
A
Bob awr o'r dydd,
14
Mae'r sto-ri'n glir.
Cytgan 1
G A
Nawr dwi'n saith ar hug-ain oed,
19
G A G A G
'Di co-lli ffydd tu-a dwy flyn-edd yn ôl.
24
A B A B A B
'Di rhoi'r gi-târ 'di rhoi'r gi-târ, Mae'r gi-târ yn y to.
29
Cytgan 2
G A G A
Nawr dwi'n saith ar hug-ain oed, Ac mae'r gi-târ yn y to.
33
G A G A
'Di co-lli ffydd tu-a dwy fly-nedd yn ôl, Ac mae'r gi - târ yn y to. 'Di
37
B A B A B
rhoi'r gi - târ, 'di rhoi'r gi - târ, Mae'r gi-târ yn y to.

GITÂR YN Y TO

Gyda'r nos, dwi'n eistedd yn y dafarn,
Yn gneud dim a dweud dim.
Gneud dim byd trw'r dydd
Ond gwrando ar y radio
Bob awr o'r dydd,
Mae'r stori'n glir.

Cytgan 1:
Nawr dwi'n saith ar hugain oed,
'Di colli ffydd tua dwy flynedd yn ôl.
'Di rhoi'r gitâr, 'di rhoi'r gitâr,
Mae'r gitâr yn y to.

Meddwl yn ôl, perfformio ar y llwyfan,
Chwara gitâr a canu fy nghân.
Wrth fy modd o hyd,
Yn fodlon ar fy mywyd fy hun
Trwy'r nos a dydd,
Teimlo'n rhydd.

Cytgan 2:
Nawr dwi'n saith ar hugain oed
Ac mae'r gitâr yn y to.
'Di colli ffydd tua dwy flynedd yn ôl,
Ac mae'r gitâr yn y to.
'Di rhoi'r gitâr, 'di rhoi'r gitâr,
Mae'r gitâr yn y to.

Teimlo chwant i chwara unwaith eto,
Ond dwi'n gneud dim,
Dwi'n gneud dim.
Rhyw ddydd nawr ga i'r nerth
I godi ar fy nhraed.
Mae cyffro'r miwsig,
Mae o yn fy ngwaed.

Cytgan 2 x 2

> Mae 'Gitâr yn y To' yn rhyfeddod; mae yma gyffro ac ergyd fyddai'n cywilyddio Jam neu Clash cynnar.
> Robin Gwyn

(Maffia Mr Huws ℗ Sain)

GWAED AR YR EIRA GWYN

Dm C Dm
Ym myn-wes y ddae-ar y cys-godd y gwŷr, Gor-wedd eu cyrff ar
A Dm F Gm Am
bridd y tir. Coll wyd y dydd rhwng y bryn-iau hyn,
B♭ Dm A Dm Cytgan F
Sy-chodd y gwaed ar yr ei - ra gwyn. Gwaed y gwŷr ar yr
C Dm A B♭ Am Dm
ei - ra gwyn, Gwaed ar yr ei - ra gwyn.

Ym mynwes y ddaear y cysgodd y gwŷr,
Gorwedd eu cyrff ar bridd y tir.
Collwyd y dydd rhwng y bryniau hyn,
Sychodd y gwaed ar yr eira gwyn.

Cytgan:
Gwaed y gwŷr ar yr eira gwyn,
Gwaed ar yr eira gwyn.

Oer yw'r cwm, diffoddodd y tân,
Ciliodd yr adar, tewodd eu cân.
Marw breuddwyd oesol fan hyn –
Dyna yw'r gwaed ar yr eira gwyn.

Cytgan

Ni welir un groes am na thorrwyd 'run bedd.
Gadawyd y cyrff i orwedd mewn hedd;
Gadawyd y cyfan i gysgu fel hyn
Tra erys y gwaed ar yr eira gwyn.

Cytgan

(Tecwyn Ifan Ⓗ Sain)

GWESTY CYMRU

Cytgan
G F♯m
Gwes-ty Cym - ru,
Does neb yn ta - lu,
Er bod pawb yn pry - nu,
Draw yng Ngwes-ty Cym - ru.
G A
Pennill 1,2
D A
Ond mae pawb yn iawn, Maen nhw'n
G D
byw'n gy - ffor - ddus ac yn nof-io yn y pwll.
Ond mae pawb yn iawn, Maen nhw'n
gwis- go'n dei - di i swp - er-a yn y nos.
Pennill 3
Bm F♯m
Ac fe'i gwe- lais hi, Roedd hi'n
Em F♯m G A Bm
mynd i staf - ell e - fo rhyw-un di - arth, Ac rwy'n ei
F♯m Em
cha - ru hi Er ei bod hi'n greu - lon i mi.

Cytgan:
Gwesty Cymru,
Does neb yn talu
Er bod pawb yn prynu,
Draw yng Ngwesty Cymru.

Ond mae pawb yn iawn,
Maen nhw'n byw'n gyfforddus
ac yn nofio yn y pwll.
Ond mae pawb yn iawn,
Maen nhw'n gwisgo'n deidi
i swpera yn y nos.

Cytgan

Ond mae pawb yn iawn,
Mae yr holl boblogaeth
yn bargeinio am ei lle.
Ond mae pawb yn iawn,
Draw i'r disgo â ni,
maen nhw'n dawnsio ar y delyn.

Cytgan

Ac fe'i gwelais hi,
Roedd hi'n mynd i stafell
efo rhywun diarth,
Ac rwy'n ei charu hi
Er ei bod hi'n greulon i mi.

Cytgan
Pennill 1
Cytgan

(Geraint Jarman ℗ Sain)

GYDA GWÊN

D
Gy-da gwên o glust i__ glust__ Fe oedd y cyn-taf i ba-sio'r__ pyst,
Bm7 Em A7 D
__ Mi roedd o'n__ hawdd, yn holl-ol na tur - iol.____ Roedd
Bm7
rhai yn ei a- lw'n ffôl,__ Doedd ys-ty-ried byth yn da-tod__ 'nôl,__ Nid du a__gwyn,
Em A7 D Cytgan G
__ ond holl-ol__ lliw - gar.____ Ond o, mae'n ddrwg
D A D G
__ gen i,__ Wnest ti ddim__ ei__ weld__ o.____ Ac o, mae'n chwith
D A D
__ gen i,__ Wnaeth o__ddim rhag- weld__ o.____ Ba-
A D A D
ra, ba - ba-ra-ra-ra.__ Ba - ra, ba-ra-ra-ra-ra.__

GYDA GWÊN

Gyda gwên o glust i glust
Fe oedd y cyntaf i basio'r pyst,
Mi roedd o'n hawdd, yn hollol naturiol.
Roedd rhai yn ei alw'n ffôl,
Doedd ystyried byth yn datod 'nôl,
Nid du a gwyn, ond hollol lliwgar.

Cytgan:
Ond o, mae'n ddrwg gen i,
Wnest ti ddim ei weld o.
Ac o, mae'n chwith gen i,
Wnaeth o ddim rhagweld o.

I deimlo'i hun yn noeth
Ymhlith llif o syniadau doeth
Rhaid iddo fod yn unigolyn.
Diddanwch mewn pellter oer
Yn ei fywyd diffrwyth, di-glod,
Mi awn fel hyn, heb unrhyw ystyried.

Cytgan:
Ond o, mae'n ddrwg gen i,
Wnest ti ddim ei weld o.
Ac o, mae'n chwith gen i,
Wnaeth o ddim rhagweld o.
Ba-ra, ba-ba-ra-ra-ra.
Ba-ra, ba-ra-ra-ra-ra.

HARBWR DIOGEL

Cytgan
A D A Bm
Mae 'na ryw-beth am - dan-at__ ti na fe-dra i__ e-glu - ro.__
D G D A
Rhyw-beth am-dan-at__ ti sy'n gwneud i 'ngha-lon i gu - ro. Mae 'na ryw-beth am-
D A Bm D G
dan-at__ ti na fe-dra i ddi-anc rhag-ddo.__ Rhyw-beth am-dan-at__ ti na
D A
fed ra i fyth__ang-ho - fio.
Pennill 1 a 2
G D A
Wrth weld y cas - i- neb fel can-cr ym mhob gwlad
D G D A D
A gweld y di - ni - wed yn no-fio yn y gwaed.
G D A Bm Em
Wrth weld y nos__ yn cau a - llan y dydd,__ Fy-dda i'm yn co-lli ffydd,
G A
Am-ser hyn-ny fydd-a i'n di - olch.
Pennill 3
A D
Ti yw'r har-bwr dio - gel__ yng-ha-
Em A D Em
- nol y storm. Ti yw'r breich-iau ca - darn__ i'm ca - dw rhag
A Em D E F♯ B7
ofn, O, i'm ca-dw i rhag ofn.__ Mae 'na ryw-beth am-
E B7 C♯m E
dan - at__ ti na fe - dra i__ e - glu - ro.__ Rhyw - beth am -
A E B7
dan - at__ ti sy'n gwneud i 'ngha - lon i gu - ro.

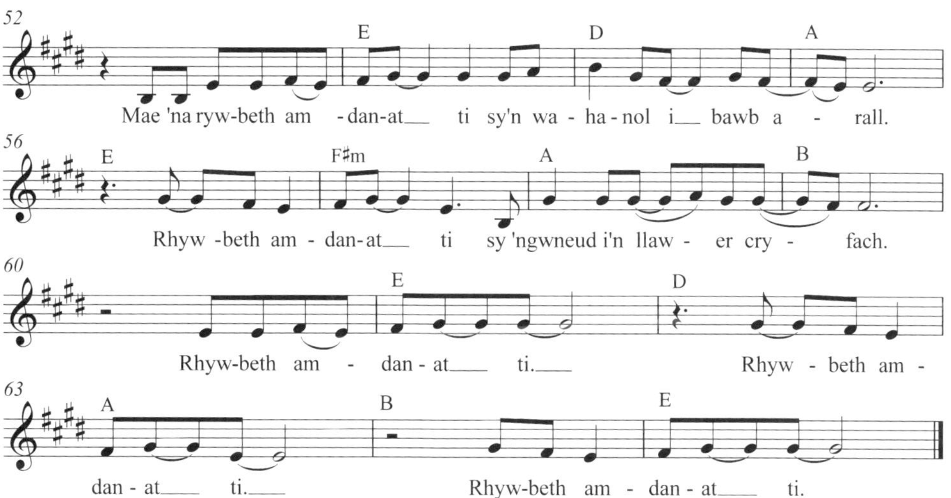
52
E
D
A
Mae 'na ryw-beth am - dan-at ti sy'n wa - ha - nol i bawb a - rall.
56
E
F♯m
A
B
Rhyw -beth am - dan-at ti sy 'ngwneud i'n llaw - er cry - fach.
60
E
D
Rhyw-beth am - dan - at ti. Rhyw - beth am -
63
A
B
E
dan - at ti. Rhyw-beth am - dan - at ti.

Cytgan:
Mae 'na rywbeth amdanat ti na fedra i egluro.
Rhywbeth amdanat ti sy'n gwneud i 'nghalon i guro.
Mae 'na rywbeth amdanat ti na fedra i ddianc rhagddo.
Rhywbeth amdanat ti na fedra i fyth anghofio.

Wrth weld y casineb fel cancr ym mhob gwlad
A gweld y diniwed yn nofio yn y gwaed.
Wrth weld y nos yn cau allan y dydd,
Fydda i'm yn colli ffydd,
Amser hynny fydda i'n diolch, fod 'na…

Cytgan

Wrth weld y tyrau, rhai uchel yn syrthio i'r llawr,
A chlywed gelynion yn herio hefo'u geiriau mawr,
Wrth weld y byd 'ma ar dân ac yn mynd o'i go',
Fydda i'm yn anobeithio,
Amser hynny fydda i'n diolch, fod 'na

Cytgan

Ti yw'r harbwr diogel ynghanol y storm,
Ti yw'r breichiau cadarn i'm cadw rhag ofn,
O, i'm cadw i rhag ofn.

Mae 'na rywbeth amdanat ti na fedra i egluro.
Rhywbeth amdanat ti sy'n gwneud i 'nghalon i guro.
Mae 'na rywbeth amdanat ti sy'n wahanol i bawb arall.
Rhywbeth amdanat ti sy 'ngwneud i'n llawer cryfach.
Rhywbeth amdanat ti.
Rhywbeth amdanat ti.
Rhywbeth amdanat ti.

HAWL I FYW

C F G C
Rwyt ti'n ed-rych ar fy llun mewn cyd-ym-deim-lad, Rwyt ti'n go-fyn pam mae
7
F G F G C Am
hyn yn gor-fod bod. Rwyt ti'n co-lli am-bell ddei-gryn o dos-tu-ri, Ac rwyf
14
F Dm G Cytgan C F C
in-nau'n of-ni gweld y-fo-ry'n dod. Ond fe'm ga-nwyd in-nau'n fab i fy rhi-e-ni,
21
F D7 G F
Ac mi gly-wais ddweud fod pawb yn blant i Dduw, Rwy'n frawd i ti a
27
G C Am F Cytgan 1, 2, 3 G C
thi-thau'n frawd i min-nau, O pam na chaf i he-fyd hawl i fyw?
34
Cytgan olaf G Em Am Dm G F C
he-fyd, pam na chaf i he-fyd, Pam na chaf i he-fyd hawl i fyw?

HAWL I FYW

Rwyt ti'n edrych ar fy llun mewn cydymdeimlad,
Rwyt ti'n gofyn pam mae hyn yn gorfod bod.
Rwyt ti'n colli ambell ddeigryn o dosturi,
Ac rwyf innau'n ofni gweld yfory'n dod.

Cytgan:
Ond fe'm ganwyd innau'n fab i fy rhieni,
Ac mi glywais ddweud fod pawb yn blant i Dduw,
Rwy'n frawd i ti a thithau'n frawd i minnau,
O pam na chaf i hefyd hawl i fyw?

Do, mi welais y gwleidyddion yn mynd heibio,
A phob un yn ysgwyd pen mor ddoeth, mor ddwys,
Ac mi welais yr offeiriad yn penlinio,
Cyn fy mhasio am nad wyf i'n neb o bwys.

Cytgan

Ond fe fûm i'n chwarae unwaith gyda'm ffrindie,
Ond fe'u gwelais hwy yn mynd o un i un,
Mi gollais fy nhad un nos a'm mam un bore,
A'm gadael innau ar fy mhen fy hun.

Cytgan

Ond mi glywais rai yn sôn am fynydd menyn,
Ac mi glywais rai yn sôn am lynnoedd llaeth,
Ond mi wn na fyddech chi sy'n Gristionogion
Yn caniatáu gwastraffu bwyd a maeth.

Ac fe'm ganwyd innau'n fab i fy rhieni,
Ac mi glywais ddweud fod pawb yn blant i Dduw,
Rwy'n frawd i ti a thithau'n frawd i minnau,
O pam na chaf i hefyd, pam na chaf i hefyd,
Pam na chaf i hefyd hawl i fyw?

HI YW FY FFRIND

D F♯m
Pe ga-llwn fod yn rhyw-un ond yr hyn a
G Gm D
we-lwch chi, Nid awn i byth i un-man heb ei cho-fio hi,
Em A D
A-llwn i ddim byw heb-ddi hi. Pe-tawn i'n dweud
F♯m G
Na a-llwn i fyw mu-nud heb ei chwm-ni hi,
Gm D Em A
Ty-bed fy-ddech chi'n fy nghoe-lio i? Fa-swn i yn ddim
D
heb-ddi hi. Hi yw fy ffrind, Hi yw'r u-nig un sy'n
D7 G Gm
gwneud fy my-wyd i yn werth ei fyw, Hi yw'r u-nig un sy'n
D Em A D C
driw i mi bob am-ser, Hi yw fy ffrind. Bob nos
G C
by-dda i'n me-ddwl am-da-ni hi, Ac mae fy ngha-lon yn teim-lo'n
G Am Em
well. Rwyf yn ei cha-ru pan fy-dda i gy-da hi,
F G C
Ac yn ei cho-lli pan fy-dda i 'mhell. Mae ei gwallt fel aur,
Em F Fm
a'i lly-gaid yn las fel a-wyr haf, Ei gwên fel yr

C
Dm
G
C
haul ar ddiwr-nod braf
Ac mae blas ei chu-san fel gwin.
Rwy'n ei cha-ru hi,
Ac mae hi-thau yn fy
F
Fm
C
ngha-ru i,
A 'dawn i byth i un-man heb ei chwm-ni hi;
Dm
G
C
Fa-swn i yn ddim heb-ddi hi.
Hi yw fy ffrind,
F
Hi yw'r u-nig un sy'n gwneud fy mywyd i yn werth ei fyw,
Fm
C
Dm
G
C
Hi yw'r u-nig un sy'n driw i mi bob am-ser,
Hi yw fy ffrind.

Pe gallwn fod yn rhywun ond yr hyn a welwch chi,
Nid awn i byth i unman heb ei chofio hi,
Allwn i ddim byw hebddi hi.
Petawn i'n dweud
Na allwn i fyw munud heb ei chwmni hi,
Tybed fyddech chi'n fy nghoelio i?
Faswn i yn ddim hebddi hi.
Hi yw fy ffrind,
Hi yw'r unig un sy'n gwneud fy mywyd i yn werth ei fyw,
Hi yw'r unig un sy'n driw i mi bob amser,
Hi yw fy ffrind.

Bob nos bydda i'n meddwl amdani hi,
Ac mae fy nghalon yn teimlo'n well.
Rwyf yn ei charu pan fydda i gyda hi,
Ac yn ei cholli pan fydda i 'mhell.
Mae ei gwallt fel aur, a'i llygaid yn las fel awyr haf,
Ei gwên fel yr haul ar ddiwrnod braf
Ac mae blas ei chusan fel gwin.
Rwy'n ei charu hi,
Ac mae hithau yn fy ngharu i,
A 'dawn i byth i unman heb ei chwmni hi;
Faswn i yn ddim hebddi hi.
Hi yw fy ffrind,
Hi yw'r unig un sy'n gwneud fy mywyd i yn werth ei fyw,
Hi yw'r unig un sy'n driw i mi bob amser,
Hi yw fy ffrind.

(Emyr Huws Jones Ⓗ Sain)

LISA, MAGIC A PORVA

Ffein-dio twll yn fy'shoe', A oedd e fod 'for you'. Neb ar-all 'would have cared', Oet
ti a oedd e'n rhyw-beth 'we shared'. Row-lio ''bout' yn llon yn yr haul, Y
teim-lad bach yn pwmp-io fy 'smile'. Neud y pe-the bach i ddod 'n rhydd, A
Cytgan
pa-sio hei-bio am-ser y dydd. O, Li-sa, ma-gic a por-va, 'It's
sum-mer.' Jyst bod 'da fi gwin yn yr un llaw,'vi-nyl'yn yr ail llaw, O,
Li-sa, ma-gic a por-va, 'It's sum-mer.' Jyst bod 'da fi
gwin yn yr un llaw,'vin-yl' yn yr ail llaw. O. O.
Pennill 3
Mae pe-the'n troi, O 'ho-ney' ein se-nar-io, Yr un mor glou, O 'su-gar' ein
se-nar-io. Mae ha-nes lawr, O car-iad ein se-nar-io. Teim-la-de'n
arafu
mynd I dim ond ffrind, A nawr mae am-ser we-di mynd.

LISA, MAGIC A PORVA

Ffeindio twll yn fy 'shoe',
A oedd e fod 'for you'.
Neb arall 'would have cared',
Oet ti a oedd e'n rhywbeth 'we shared'.
Rowlio ''bout' yn llon yn yr haul,
Y teimlad bach yn pwmpio fy 'smile'.
Neud y pethe bach i ddod 'n rhydd
A pasio heibio amser y dydd.

Cytgan:
O, Lisa, magic a porva,
'It's summer.'
Jyst bod 'da fi gwin yn yr un llaw,
'Vinyl' yn yr ail llaw.
O, Lisa, magic a porva,
'It's summer.'
Jyst bod 'da fi gwin yn yr un llaw,
'Vinyl' yn yr ail llaw. O. O.

Ddim ishe dweud the 'word',
Ond roedd e'n rhywbeth 'we'd heard'.
Teimlo hwn yw'n lle yn y byd,
Cariad bach y stryd.
Dal i chware'r gêm
Ond roedd y 'love' yn mynd yn hen.
'Seasons' yn dechre troi
Ac amser yn dod i gloi.

Cytgan

Mae pethe'n troi,
O 'honey' ein senario,
Yr un mor glou,
O 'sugar' ein senario.
Mae hanes lawr,
O cariad ein senario.
Teimlade'n mynd
I dim ond ffrind,
A nawr mae amser wedi mynd.

(Meilyr Jones/Dylan Hughes Ⓗ Meilyr Jones a Dylan Hughes)

LLEISIAU YN Y GWYNT

Pennill 1 a 2
Weith-iau dwi'n go-fyn i fy hun, y-dw i 'di neud y dew-is cy - wir?
Weith-ia dwi'n a - ma fod y byd i gyd yn troi yn fy er - byn.
Weith-ia dwi'n teim-lo 'mod i'n hae-ddu gwell, ond lle mae y llwy - byr clir?
Yn a-ra bach fe ddaw 'na o-baith i'm cwyn pan ddest ti 'nôl i'm har-
wain. Dwi'n clyw-ed
Cytgan
llei-siau yn y gwynt yn sib-rwd dy e - nw, Dwi'n clyw-ed
llei-siau yn y gwynt yn cy-fei - rio'r ffordd i fynd, Dwi'n clyw-ed llei-siau yn y gwynt yn
sib - rwd dy e - nw, Dwi'n clyw-ed llei-siau yn y gwynt, yn y gwynt.
Pennill 3
Ac mae 'ngha-lon i yn styf-nig wei-thie, Ond prin dwi'n ne-wid dim.
Di-olch am fy rhwys - tro i rhag Troi yn ddi-gy-fei-riad ac yn ddim. Dwi'n clyw-ed

LLEISIAU YN Y GWYNT

Weithiau dwi'n gofyn i fy hun, ydw i 'di neud y dewis cywir?
Weithia dwi'n ama fod y byd i gyd yn troi yn fy erbyn.
Weithia dwi'n teimlo 'mod i'n haeddu gwell, ond lle mae y llwybyr clir?
Yn ara bach fe ddaw 'na obaith i'm cwyn pan ddest ti 'nôl i'm harwain.

Cytgan:
Dwi'n clywed lleisiau yn y gwynt yn sibrwd dy enw,
Dwi'n clywed lleisiau yn y gwynt yn cyfeirio'r ffordd i fynd,
Dwi'n clywed lleisiau yn y gwynt yn sibrwd dy enw,
Dwi'n clywed lleisiau yn y gwynt, yn y gwynt.

Pan mae breuddwydion yn dod yn wir,
Wyt ti'n synhwyro fod rhywun yn gwrando
Ar bob gweddi ti'n ddeud, ar bob cam wyt ti'n neud,
Bob penderfyniad ti'n neud bob eiliad.

Cytgan x 2

Ac mae 'nghalon i yn styfnig weithie,
Ond prin dwi'n newid dim.
Diolch am fy rhwystro i rhag
Troi yn ddigyfeiriad ac yn ddim.

Cytgan x 2

LLEUCU LLWYD

Cytgan
E A E B7
Lleu - cu Llwyd, rwyt ti'n hardd, Lleu-cu Llwyd, rwyt ti'n werth y byd i
5
E A E B7 E
Pennill
mi. Lleu-cu Llwyd, rwyt ti'n a- ngel, Lleu-cu Llwyd, rwy'n dy ga-ru di, di, di. O rwy'n
10
B E A E
co- fio_cwrdd â thi, Ac rwy'n co-fio'r glaw, Y-di'r e- os_ yn y
15
A F♯ B E
goed- wig?_ Yd-i'r blo-dau yn y maes ger - llaw? Yn yr a-fon_ mae cyf -
19
A B7 E
ri- nach___ dy gu - san_ gyn-taf__ di. Yn y goed-wig mae y
23
A B7 E
blo - dau_____ yn sib - rwd_ dy e - nw di. Lleu-cu

LLEUCU LLWYD

Cytgan:
Lleucu Llwyd, rwyt ti'n hardd,
Lleucu Llwyd, rwyt ti'n werth y byd i mi.
Lleucu Llwyd, rwyt ti'n angel,
Lleucu Llwyd, rwy'n dy garu di, di, di.

O rwy'n cofio cwrdd â thi,
Ac rwy'n cofio'r glaw,
Ydi'r eos yn y goedwig?
Ydi'r blodau yn y maes gerllaw?
Yn yr afon mae cyfrinach
Dy gusan gyntaf di.
Yn y goedwig mae y blodau
Yn sibrwd dy enw di.

Cytgan

O mae'r oriau mân yn pasio
Fel eiliad ar adain y gwynt,
O gorweddaf ar fy ngwely,
Efallai daw'r freuddwyd yn gynt.
Ond mae rhywun yn agosáu,
Mi glywaf wichian y glwyd,
Ac rwy'n nabod sŵn yr esgid,
Mae'n perthyn i Lleucu Llwyd.

Cytgan +
Lleucu Llwyd, rwyt ti'n angel,
Lleucu Llwyd, rwy'n dy garu di, di, di.

MACRALL WEDI FFRIO

E Am
Gor-wedd dan y palm - wydd Yng nghwm-ni'th ly-gaid di, A
E B E
gwran-do sŵn y chwer - thin yn yr haul. Mm. Pro-fi gwin cu-
E7 Am E B
san-au A dwy-lo dan y dail. Mac-rall ffres i gin - io fy-sa'n dda.
E7 B7 E Cytgan A
Al-o-ha! Mac-rall we-di ffri - o Yn y ba- dell ffri-
G♯7 F♯m7 G♯7 F♯m7
- o, A'u hy-my-lon we-di crim - pio. La la la la la la la la. Caws
A F♯m7 D E F♯ B
Llŷn a men-yn Ei - fion. La la la la la la la.

MACRALL WEDI FFRIO

Gorwedd dan y palmwydd
Yng nghwmni'th lygaid di,
A gwrando sŵn y chwerthin
Yn yr haul. Mm.
Profi gwin cusanau
A dwylo dan y dail.
Macrall ffres i ginio fysa'n dda.
Aloha!

Cytgan:
Macrall wedi ffrio
Yn y badell ffrio,
A'u hymylon wedi crimpio,
La la la la la la la la.
Caws Llŷn a menyn Eifion.
La la la la la la la la.

Byw ar ben fy nigon
A choron ar fy mhen
A phawb yn glên ofnadwy
Dan y dail.
Ond hen beth slei 'di hiraeth,
Hen gena heb ei ail,
Macrall ffres i ginio fysa'n dda.
Aloha!

Cytgan

Cwcio mecryll cynnar,
Crynu ar y lein.
Tocyn twym yn hongian
Yn yr haul.
A'r afon goch yn diogi,
Arafu dan y dail.
Macrall ffres i ginio fysa'n dda. Aloha!

Cytgan

(Endaf Emlyn Ⓗ Endaf Emlyn)

MAE RHYWUN WEDI DWYN FY NHRWYN

Cytgan
Mawr edd mawr, stedd-wch i lawr, Mae rhyw-un we-di dwyn fy nhrwyn.
Mawr-edd mawr, stedd-wch i lawr, Mae rhyw-un we-di dwyn fy nhrwyn.
Pennill
Mae Jo-ni yn y car-char mawr yn wy-lo am ei dad, Ac mae'i
dad e yn y car-char lan llofft. Mae
Siw-si yn y bath-rwm, mae hi'n gol-chi blaen ei throed, Ac maen nhw'n
deu-lu di-gon tac-lus, maen nhw'n sofft. Mae
An-ti Eth-el Ra-ser sydd yn mynd ag E-ben-e-ser We-di
gwer-thu ci a bo-ddi cro-co-deil. Mae'n mynd i fyw yn Llun-dain gy-da
dyn ag ar-ian mawr. Mae hi was-tad we-di ho-ffi byw mewn steil.

MAE RHYWUN WEDI DWYN FY NHRWYN

Cytgan:
Mawredd mawr, steddwch i lawr,
Mae rhywun wedi dwyn fy nhrwyn.
Mawredd mawr, steddwch i lawr,
Mae rhywun wedi dwyn fy nhrwyn.

Mae Joni yn y carchar mawr yn wylo am ei dad,
Ac mae'i dad e yn y carchar lan llofft.
Mae Siwsi yn y bathrwm, mae hi'n golchi blaen ei throed,
Ac maen nhw'n deulu digon taclus, maen nhw'n sofft.
Mae Anti Ethel Raser sydd yn mynd ag Ebeneser
Wedi gwerthu ci a boddi crocodeil.
Mae'n mynd i fyw yn Llundain gyda dyn ag arian mawr.
Mae hi wastad wedi hoffi byw mewn steil.

Cytgan

Mae 'na ddynion o Dreorci, mae 'na ddynion mawr yn Sblot,
Mae 'na ddynion sydd yn byw yn Periw;
Mae 'na ddynion sydd yn hoffi byta caws ac yfed coffi,
Mae 'na rai sydd hyd yn oed yn dweud "Jiw, jiw".
Mae 'na rai sy'n cynganeddu, mae 'na rai sy'n torri beddi,
Mae 'na rai sy'n plygu ciwcymbars yn Sbaen,
Ond y fi sy'n siafo gwsberis a'u gwerthu nhw fel grêps
Am fy mod yn un sy'n gwrthwynebu chwain.

Cytgan

(Dewi Pws Ⓗ Sain)

MAE RHYWUN YN Y CARCHAR

D
A
Em
A

Yr un yw'r sgwrs dros glawdd yr ardd,"Mae'n co-di'n braf"neu"Mae'r blod-au'n hardd".

3
D
A
Em
A

Sôn am Sad-dam fel 'tae o'n byw lawr y stryd, Wff-tio'r rhy-fel ym mhen draw'r byd.

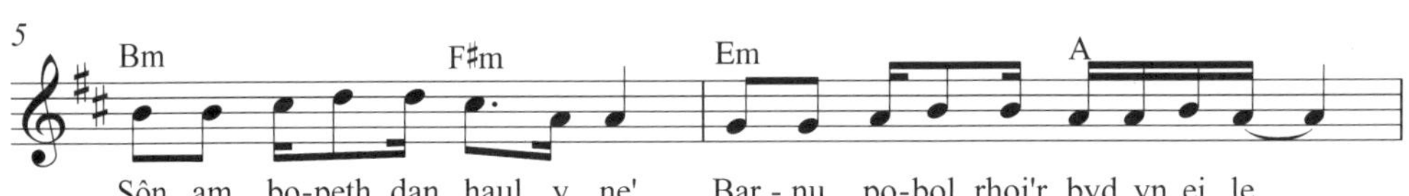
5
Bm
F♯m
Em
A

Sôn am bo-peth dan haul y ne', Bar-nu po-bol, rhoi'r byd yn ei le,

7
Bm
F♯m
Em
A
D
Cytgan

Dweud 'run gair am y ddau neu dri Sydd hedd-iw'n y car-char dros-om ni. Mae

10
G
A
D
G
A

rhyw-un yn y car-char dros-om ni. Oes, mae rhyw-un yn y car-char dros-om

13
D
Bm
F♯m

ni. Mae'n a-nodd gwy-bod beth i'w wneud, Mae'n

15
Em
A
Em
A

a-nodd gwy-bod beth i'w ddweud Pan fydd rhyw-un___ yn y car-char dros-om

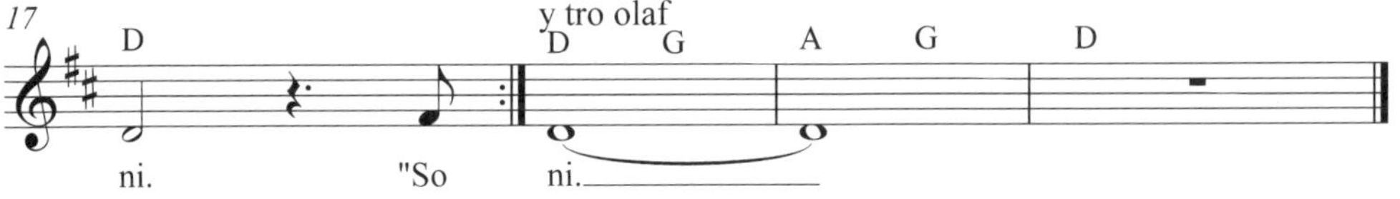
17
D
y tro olaf
D
G
A
G
D

ni. "So ni.___

MAE RHYWUN YN Y CARCHAR

Yr un yw'r sgwrs dros glawdd yr ardd,
"Mae'n codi'n braf" neu "Mae'r blodau'n hardd".
Sôn am Saddam fel 'tae o'n byw lawr y stryd,
Wfftio'r rhyfel ym mhen draw'r byd.
Sôn am bopeth dan haul y ne',
Barnu pobol, rhoi'r byd yn ei le,
Dweud 'run gair am y ddau neu dri
Sydd heddiw'n y carchar drosom ni.

Cytgan:
Mae rhywun yn y carchar drosom ni.
Oes, mae rhywun yn y carchar drosom ni.
Mae'n anodd gwybod beth i'w wneud.
Mae'n anodd gwybod beth i'w ddweud
Pan fydd rhywun yn y carchar drosom ni.

"So what?" medd riportar y BBC.
"Dyw aberth ddim yn stori," medd HTV.
"Pan aeth yr un cynta i mewn dros yr iaith
Roedd hynny'n newyddion, sdim gwadu'r ffaith.
Ond pan aeth un arall, ac un arall i'r jêl
Y stori wedyn aeth braidd yn stêl.
Er cymaint y carem roi sylw i chi
Mae pethau pwysicach i'w rhoi ar TV."

Cytgan

I'r diawl â'r fath siarad! Y rhain sydd yn rhydd,
Rhain sy'n sefyll dros y Gymru a fydd,
Yn nüwch eu celloedd, mae'r fflam heno'n goch,
Y ffydd yn gadarn a'r waedd yn groch.
Clywaf eu cri yn nhawelwch y nos
Yn deffro'r mynyddoedd, yn ysgwyd y rhos.
A diolch i Dduw am y ddau neu dri
Sydd heddiw'n y carchar drosom ni.

Cytgan

(Hefin Elis/Dafydd Iwan ℗ Sain)

MARDI-GRAS YM MANGOR UCHA

Miw-sig is - el sydd yn di - anc i'r stryd, Y glaw yn ca - dw rhy-thm ac yn
gwly-chu'r un pryd._ Dy - nes ddu fei-chiog sy'n ar - wain y blaen, My -
fyr - wyr cyd - wyb - od - ol a'u hwy - ne - bau dan straen. Pe - li - can yn sgre-chian ac yn
ffla-chio i'r bît,_ A Park Street yn pyl - set - io i ger - ddor - iaeth 'Canned Heat'.
Mae 'Di - re Straits' ar ffordd Caer - gy - bi a 'Led Zep' mewn gwyn ar y wal
Yn ca - dw cwm - ni i 'Brad y Bri - fys - gol' A tan - doo - ri,
tan - doo - ri yn y Pro - ven - çal.

MARDI-GRAS YM MANGOR UCHA

Miwsig isel sydd yn dianc i'r stryd,
Y glaw yn cadw rhythm ac yn gwlychu'r un pryd.
Dynes ddu feichiog sy'n arwain y blaen,
Myfyrwyr cydwybodol a'u hwynebau dan straen.
Pelican yn sgrechian ac yn fflachio i'r bît,
A Park Street yn pylsetio i gerddoriaeth 'Canned Heat'.

Cytgan:
Mae 'Dire Straits' ar ffordd Caergybi
A 'Led Zep' mewn gwyn ar y wal
Yn cadw cwmni i 'Brad y Brifysgol'
A tandoori, tandoori yn y Provençal.

Palmentydd yr A5 yn llysia pob lliw,
Afocado, tomato ac eraill – dim cliw!
Lôn bost o Lundain yn 'rafu i stop,
Pob dim at bopeth ar werth ym mhob siop.
Siopwyr, adferwyr, darlledwyr di-ri,
Ffrancwyr a Ffasgwyr a'r hen Mistar Lee.

Cytgan

Slyrio'r heniaith yn y Glôb bron bob nos.
Menai Vaults a'r Bellevue, Bangor Aye a Who Knows!
Bragwyr a bancwyr a bradwrs a fi,
Lefties a Welshies ac enwogion o fri.
Nuggets, Meri-Meris a Common Jacks y byd
Yn siarad Esperanto, dyna un iaith y stryd.

Cytgan

MERCH TŶ CYNGOR

G Em Am
O'n i'n medd-wl bod ti'n li - co fi, Paid deud dy fod ti'n bry-
4 D G Em Am
- sur. Mi ddo i gy-da ti am hann-er nos Pan ei di ar y bws ol-a gar-
8 D C D G D Em
- tre. Merch tŷ cyng - or, does dim rhy- fel nawr,
13 C D E
Mae'r drws ar ag - or tan y wawr.
17 C D G D G
Merch tŷ cyng - or, ble rwyt ti nawr?

O'n i'n meddwl bod ti'n lico fi,
Paid deud dy fod ti'n brysur.
Mi ddo i gyda ti am hanner nos
Pan ei di ar y bws ola gartre.
Merch tŷ cyngor, does dim rhyfel nawr,
Mae'r drws ar agor tan y wawr.
Merch tŷ cyngor, ble rwyt ti nawr?

Mae dy dad yn lico Jac a Wil
A dy fam yn whare bingo,
Ac weithie rwyt ti'n rhoi i mi thrill,
A minnau'n dechre gwingo.
Merch tŷ cyngor, does dim rhyfel nawr,
Mae'r drws ar agor tan y wawr.
Merch tŷ cyngor, ble rwyt ti nawr?

O'n i'n meddwl bod ti'n lico fi,
Paid deud dy fod ti'n brysur.
Mi ddo i gyda ti am hanner nos
Pan ei di ar y bws ola gartre.
Merch tŷ cyngor, does dim rhyfel nawr,
Mae'r drws ar agor tan y wawr.
Merch tŷ cyngor, ble rwyt ti nawr?

(Geraint Jarman ℗ Sain)

MISTAR DUW

C F C
Mi gly- wais_ la- wer_ sôn am Fis - tar Duw,_ Chwer-
6 F G Am F
thi- nais_ ar y rhai oedd yn dy griw, Ond nawr ar faes y frwy- dyr, A'u
12 Am F D D7 G
by- wyd_ fel y gwy- dyr,_ Mae'r mil- wyr ce- lain_ bu- dur, Mis- tar Duw._
17 Cytgan
G7 C Am F C
Mis- tar Duw,_ Mis- tar Duw,_ Maen nhw'n dweud dy fod ti'n fyw, Mis- tar Duw,
22 Am G G7 C Am
_ wyt ti gy- da_ mi o hyd?_ Mis- tar Duw,_ Mis- tar Duw,_ wyt ti'n
28 F C Dm G G7 C
cly- wed, Mis- tar Duw,_ Sŵn y bw- led_ ar y pa- red,_ Mis- tar Duw?

Mi glywais lawer sôn am Fistar Duw,
Chwerthinais ar y rhai oedd yn dy griw,
Ond nawr ar faes y frwydyr,
A'u bywyd fel y gwydyr,
Mae'r milwyr celain budur, Mistar Duw.

Cytgan:
Mistar Duw, Mistar Duw,
Maen nhw'n dweud dy fod ti'n fyw,
Mistar Duw, wyt ti gyda mi o hyd?
Mistar Duw, Mistar Duw, wyt ti'n clywed,
Mistar Duw,
Sŵn y bwled ar y pared, Mistar Duw?

Beth amdana i, Mistar Duw?
Wedi i mi farw ydw i'n cael byw?
Roedd bwrlwm byw yn blino,
Ni chredais ynot yno,
O dywed wyt ti'n clywed, Mistar Duw?

Mistar Duw, Mistar Duw,
Maen nhw'n dweud dy fod ti'n fyw,
Mistar Duw, wyt ti gyda mi o hyd?
Mistar Duw, Mistar Duw, rwy'n cyfadde',
Mistar Duw,
Ro'n i'n ame ar y dechre, Mistar Duw.

Mae'r nos yn araf lithro, Mistar Duw,
A thithau nawr ymhellach fyth o'm clyw,
Pan fyddwy'n huno heno
Byth mwy ni chaf ddihuno,
Sgwn i os byddi yno, Mistar Duw?

Mistar Duw, Mistar Duw,
Maen nhw'n dweud dy fod ti'n fyw,
Mistar Duw, wyt ti gyda mi o hyd?
Mistar Duw, Mistar Duw, ni ddaw'r milwyr
eto'n fyw
Ac mai'r bedd i ni yw'r diwedd, Mistar Duw.

(Cleif Harpwood ℗ Sain)

MOR DAWEL

Pennill
C G C F
Hir oedd ei ddy - ddie, Er bod byw yn fêl i'r rhai a'i
4
Dm9 G7 C A11 Am7 Dm Dm7
ca-rai mor driw. Mor drist mewn dis-taw - rwydd, Heb air i ga - rio'i gŵyn,
8
G Asus4 A7 Dm C F B7
Ac wrth i'r byd bry- su - ro 'mlaen Heb ry-budd gen - nym ni
12
E Em7 A7 Dm Dm7 Fm G G7
Cytgan
Roedd llais tu hwnt i glyw yn go - fyn, "Beth am- da na i?" Mor da-
17
C A11 Am F Dm9 G7
- wel, mor da - wel, Mewn mun - ud-au mud yn ei un-ig fyd Roedd mor da-
21
C G Am A♭ G7 C
- wel, mor da - wel, A'r car-iad oedd gan-ddo o'r crud Mor da-wel o hyd.

Hir oedd ei ddyddie,
Er bod byw yn fêl i'r rhai a'i carai mor driw.
Mor drist mewn distawrwydd,
Heb air i gario'i gŵyn,
Ac wrth i'r byd brysuro 'mlaen
Heb rybudd gennym ni
Roedd llais tu hwnt i glyw yn gofyn,
"Beth amdana i?"

Cytgan:
Mor dawel, mor dawel,
Mewn munudau mud yn ei unig fyd
Roedd mor dawel, mor dawel,
A'r cariad oedd ganddo o'r crud
Mor dawel o hyd.

Yna un bore
Daeth goleuni'r haul yn dawel drwy'r llen.
Dihunodd o'i freuddwyd,
Daeth noson hir i ben,
Ac yma nawr mae'n wawr o wên
Yn diolch i ni'n dau,
A'r dagrau fu o dristwch
Nawr yn ddagrau llawenhau.

Cytgan +
Yno o hyd.

(Caryl Parry Jones ℗ Caryl Parry Jones)

MÔR O GARIAD

G D C D C D G D
Eis-tedd y- ma'n un - ig 'ben fy hun,
5
G D C D C D G
he -no sdim am - y - nedd i hel - bul byd,
9
C D G C D Em D
ond mae'r nos yn ffoi, fel mae'r byd yn troi, fel y môr o
14
C D C D G Em
gar - iad a ro-ddais i ti. Hwn oedd ca-riad glân,
19
Bm Am
hwn oedd car-iad ffôl, roedd-wn i ar dân,
23
D G Em D C D G
nawr sdim ar ôl.

Eistedd yma'n unig 'ben fy hun,
heno sdim amynedd i helbul byd,
ond mae'r nos yn ffoi, fel mae'r byd yn troi,
fel y môr o gariad a roddais i ti.

Sdim byd yma heno ond adlais cariad mawr,
ac ein gwydrau gweigion ar y llawr,
ac i gwpla'r llun, yn y botel, gwaddod gwin –
gwaddod y môr o gariad a roddais i ti.

Hwn oedd cariad glân,
hwn oedd cariad ffôl,
roeddwn i ar dân,
nawr sdim ar ôl.

Strydoedd oer y ddinas, strydoedd mor llawn,
atgofion fydd amdani, ei serch a'i dawn.
Serch hynny, mae'n rhaid byw, ymuno efo hwyl y criw.
Sych yw'r môr o gariad a roddais i ti.
Ie, sych yw'r môr o gariad a roddais i ti.

(Meic Stevens ℗ Sain)

Efallai bod rhai yn licio Mynediad am Ddim ac eraill yn licio Oasis, ond mae pawb yn gwrando'n astud pan fydd Meic yn cyflwyno 'Môr o Gariad'.
Simon Brooks

NI YW Y BYD

Ni yw y byd, ni yw y byd, Gly-nwn fel teu-lu a-chos ni yw y byd.
Ni yw y byd, dewch bawb yng-hyd. Pa-ra-town am chwyl-dro a-chos
ni yw y byd. Ni yw y byd, ni yw y byd,
Yf-wn ein cw-rw a-chos ni yw y byd. Ni yw y byd, dewch bawb yng-hyd.
Lluch-iwn ein gwy-drau a-chos ni yw y byd. Ni yw y byd,
ni yw y byd, Ca-rwn ein ge-lyn-ion a-chos ni yw y byd. Ni yw y byd,
dewch bawb yng-hyd. Tyn-nwn ein di-llad a-chos ni yw y byd.
Ni yw y byd, ni yw y byd, Dry-swn ein cyf-oed-ion a-chos ni yw y byd.
Ni yw y byd, dewch bawb yng-hyd. Gwae-ddwn yn lla-wen a-chos
ni yw y byd. Ni yw y byd, ni yw y byd,

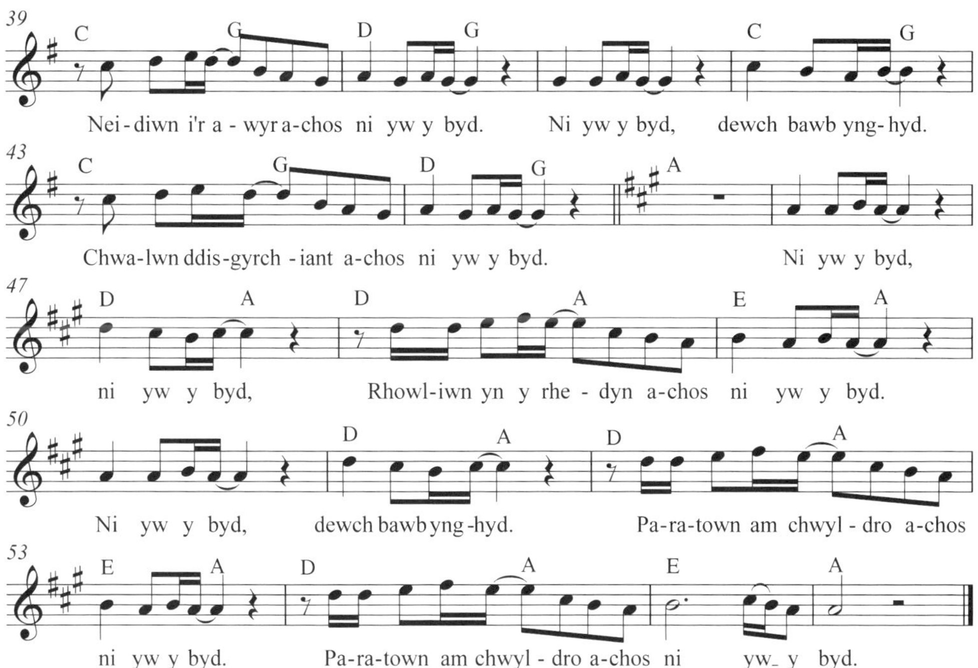
Nei-diwn i'r a - wyr a-chos ni yw y byd. Ni yw y byd, dewch bawb yng- hyd.
Chwa-lwn ddis-gyrch - iant a-chos ni yw y byd. Ni yw y byd,
ni yw y byd, Rhowl-iwn yn y rhe - dyn a-chos ni yw y byd.
Ni yw y byd, dewch bawb yng -hyd. Pa-ra-town am chwyl - dro a-chos
ni yw y byd. Pa-ra-town am chwyl - dro a-chos ni yw_ y byd.

Ni yw y byd, ni yw y byd,
Glynwn fel teulu achos ni yw y byd.
Ni yw y byd, dewch bawb ynghyd.
Paratown am chwyldro achos ni yw y byd.

Ni yw y byd, ni yw y byd,
Yfwn ein cwrw achos ni yw y byd.
Ni yw y byd, dewch bawb ynghyd.
Lluchiwn ein gwydrau achos ni yw y byd.

Ni yw y byd, ni yw y byd,
Carwn ein gelynion achos ni yw y byd.
Ni yw y byd, dewch bawb ynghyd.
Tynnwn ein dillad achos ni yw y byd.

Ni yw y byd, ni yw y byd,
Dryswn ein cyfoedion achos ni yw y byd.
Ni yw y byd, dewch bawb ynghyd.
Gwaeddwn yn llawen achos ni yw y byd.

Ni yw y byd, ni yw y byd,
Neidiwn i'r awyr achos ni yw y byd.
Ni yw y byd, dewch bawb ynghyd.
Chwalwn ddisgyrchiant achos ni yw y byd.

Ni yw y byd, ni yw y byd,
Rhowliwn yn y rhedyn achos ni yw y byd.
Ni yw y byd, dewch bawb ynghyd.
Paratown am chwyldro achos ni yw y byd.
Paratown am chwyldro achos ni yw y byd.

(Gruff Rhys Ⓗ Gruff Rhys)

Mae alaw ynddi'i hun yn iaith ryngwladol.
Gruff Rhys

NID LLWYNOG OEDD YR HAUL

A D E A
Maen nhw'n deud dy fod ti we-di mae-ddu; Maen nhw'n deud nad wyt ti
D E A G D
yn fy hae-ddu; Maen nhw'n deud 'mod in-ne'n co-lli ar-na' Yn rhoi
Bm C♯m D E
cyf-le ar-all i ti wneud fy myd yn ddar-na'; Ond mi wn
D E A D E
nad llwy-nog oedd yr haul. Co-di mae'r tarth fel y dis-gyn dydd,
A D E A G D
A nant y dyffryn yn awr yng-hudd: Dim ond niwl ar y bryn-iau draw,
Bm C♯m D E D E
Dim ond yr am-ser da yn ôl a ddaw drwy niwl y co', Nid llwy-nog oedd yr haul.
A F♯ D♯7 C♯ F♯
Bu'r byd fel gwe-ly mwsog, gy-da ti, gy-da mi, A-wyr
D♯7 A C♯ F♯ E D♯m
las ac or-iau glas-oed, gy-da mi, gy-da ti, Pe-lyd-rau Mai yn win cio trwy'r
E C♯ E D♯m E G♯m F♯
a-wel ar y dail, A min-nau'n dal i gre-du nad llwy-nog oedd yr haul.
A D E A D E
Bu'r dydd-iau cyn-nar yn fe-lys i gyd, Ond haul y bore sy'n sio-mi o hyd.

A F♯m D Bm C♯m
Tro yn ôl i ed-rych ar-na i:
Dwed dy fod yn ca-ru'r hyn a
D E D E
we-li di, Ac mi wn nad llwy-nog oedd yr haul.
A
Bu'r
2. E B F♯
Nad llwy-nog oedd yr haul.

Maen nhw'n deud dy fod ti wedi maeddu;
Maen nhw'n deud nad wyt ti yn fy haeddu;
Maen nhw'n deud 'mod inne'n colli arna'
Yn rhoi cyfle arall i ti wneud fy myd yn ddarna';
Ond mi wn nad llwynog oedd yr haul.

Codi mae'r tarth fel y disgyn dydd,
A nant y dyffryn yn awr ynghudd:
Dim ond niwl ar y bryniau draw,
Dim ond yr amser da yn ôl a ddaw drwy niwl y co',
Nid llwynog oedd yr haul.

Bu'r byd fel gwely mwsog, gyda ti, gyda mi,
Awyr las ac oriau glasoed, gyda mi, gyda ti,
Pelydrau Mai yn wincio trwy'r awel ar y dail,
A minnau'n dal i gredu nad llwynog oedd yr haul.

Bu'r dyddiau cynnar yn felys i gyd,
Ond haul y bore sy'n siomi o hyd.
Tro yn ôl i edrych arna i:
Dwed dy fod yn caru'r hyn a weli di,
Ac mi wn nad llwynog oedd yr haul.

Bu'r byd fel gwely mwsog, gyda ti, gyda mi,
Awyr las ac oriau glasoed, gyda mi, gyda ti,
Pelydrau Mai yn wincio trwy'r awel ar y dail,
A minnau'n dal i gredu nad llwynog oedd yr haul.

NOS DA NAWR

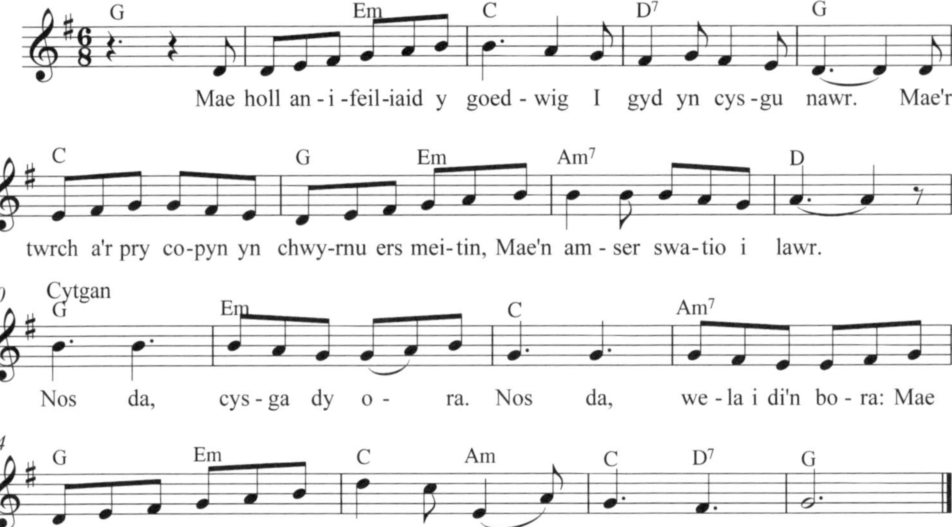
G Em C D7 G
Mae holl an - i -feil-iaid y goed - wig I gyd yn cys -gu nawr. Mae'r
C G Em Am7 D
twrch a'r pry co-pyn yn chwy-rnu ers mei-tin, Mae'n am - ser swa-tio i lawr.
Cytgan
G Em C Am7
Nos da, cys - ga dy o - ra. Nos da, we - la i di'n bo - ra: Mae
G Em C Am C D7 G
pawb yn eu gwlâu ond y gw - di - hŵ, Nos da nawr.

NOS DA NAWR

Mae holl anifeiliaid y goedwig
I gyd yn cysgu nawr.
Mae'r twrch a'r pry copyn yn chwyrnu ers meitin,
Mae'n amser swatio i lawr.

Cytgan:
Nos da, cysga dy ora.
Nos da, wela i di'n bora:
Mae pawb yn eu gwlâu ond y gwdihŵ,
Nos da nawr.

Mae'r wiwer fel pêl wedi'i lapio
Yn ei chynffon fawr;
A'r babi llygodan yn glyd yn ei choban.
Mae'n amser swatio i lawr.

Cytgan

Mae'r eirth bach i gyd â'u pen
Ar obennydd hyd y wawr.
Mae'r ceirw a'r lamas 'di gwisgo'u pyjamas.
Mae'n amser swatio i lawr.

Cytgan

(Catrin Edwards/Dyfan Roberts ℗ Sain)

NOS SADWRN ABERTAWE

Am
Wi'n why-su stecs_ mewn twll o__ le,__ Ma rhai'n ga-lw'n clwb neu
E
dis - go. Rhaid i chi fod yn gar-cus__ beth y'ch chi'n weud_ Ac yn o -
Am
-fal - us iawn_ be chi'n gwis - go. Ma'r bown-ser yn a - rw, yn
E
swrth ac yn sa - lw, Mae'n siŵr o enn - ill ei bae.__ "Say that ag - ain, mush, and
Cytgan
Am
you are_ out!" A "Why aren't you wear-ing a tie?"__ Ar nos Sa-twrn A - ber - ta-
E
- we,__ Beth y'f i'n neud fan hyn? Ar nos Sa-twrn_ A - ber - ta-
Am
- we, Co ni'n mynd, co ni'n mynd, co ni'n mynd. Ar nos Sa-twrn A - ber - ta-
E
- we,_ Beth y'f i'n neud fan hyn? Ar nos Sa-twrn_ A - ber - ta-
Am
- we, Co ni'n mynd, co ni'n mynd, co ni'n mynd.

NOS SADWRN ABERTAWE

Wi'n whysu stecs mewn twll o le,
Ma rhai'n galw'n clwb neu disgo.
Rhaid i chi fod yn garcus beth y'ch chi'n weud
Ac yn ofalus iawn be chi'n gwisgo.
Mae'r bownser yn arw, yn swrth ac yn salw,
Mae'n siŵr o ennill ei bae.
"Say that again, mush, and you are out!"
A "Why aren't you wearing a tie?"

Cytgan:
Ar nos Satwrn Abertawe,
Beth y'f i'n neud fan hyn?
Ar nos Satwrn Abertawe,
Co ni'n mynd, co ni'n mynd, co ni'n mynd.
Ar nos Satwrn Abertawe,
Beth y'f i'n neud fan hyn?
Ar nos Satwrn Abertawe,
Co ni'n mynd, co ni'n mynd, co ni'n mynd.

Tu ôl y bar mae Sara, mae hi'n ffeili gweud 'bara'
'Rôl yfed jin trwy'r dydd.
Ma hi'n canu *Carmen* mewn acen o Banwen
A trial mynd off gyda Steve.
Dyn y drws yw Steve, tamed bach yn naïf,
Byta steroids fel byta ffa.
Ma fe'n bartners gyda Aled, sy rili yn galed,
Mor galed ag algebra.

Cytgan

Ma hi'n ddou o'r gloch a'r clwbe'n gwacáu,
Y *booze boot* boteli budreddi;
Argy-bargy dros *onion bahjee*,
A ma fe'n amser grêt am weddi.
A ma tensiwn y stryd yn cwnnu
A Wenglish yw iaith y ffrae,
A bois y Tymbl moyn rymbl, whare Crackerjack,
Sdim isie rheswm na bai.

Cytgan x 2

(Neil Rosser Ⓗ Neil Rosser)

NOS SUL A BAGLAN BAY

Y-chy-dig bach o reg-gae i ledd-fu'r boen, Ti-pyn bach o'r we-ddi,
os wyt ti moyn. Y-chy-dig bach o ryw-beth sydd wrth dy fodd, Beth
byn-nag sydd wrth dy fodd. Y-chy-dig bach o'r ra-dio
a miw-sig ddoe, Tro fe lan yn u-chel, os wyt ti moyn.
Fa-lle cewn ni wran-do am don-fedd rydd, Sy'n troi a-law-on Soul nos Sul,
troi a-law-on Soul nos Sul.
Cytgan
Mae'n no-son glir dros
Bag-lan Bay, Fflam y bur-fa dal yng-hynn. Rwy'n holl-ti'r nos yn y
dry-dedd lôn, A'r car yn rhe-gi mewn i'r gwynt, A'r fe-lan ar-nom ni.
Nos Sul nawr, yn ga-fael yn-om ni, Nos Sul nawr,
a dy-na'r cy-fan sydd, Nos Sul nawr. Mm, nos Sul.

NOS SUL A BAGLAN BAY

Ychydig bach o reggae i leddfu'r boen,
Tipyn bach o'r weddi, os wyt ti moyn.
Ychydig bach o rywbeth sydd wrth dy fodd,
Beth bynnag sydd wrth dy fodd.

Ychydig bach o'r radio a miwsig ddoe,
Tro fe lan yn uchel, os wyt ti moyn.
Falle cewn ni wrando am donfedd rydd,
Sy'n troi alawon Soul nos Sul, troi alawon Soul nos Sul.

Cytgan.
Mae'n noson glir dros Baglan Bay,
Fflam y burfa dal ynghynn.
Rwy'n hollti'r nos yn y drydedd lôn,
A'r car yn rhegi mewn i'r gwynt,
A'r felan arnom ni.
Nos Sul nawr, yn gafael ynom ni,
Nos Sul nawr, a dyna'r cyfan sydd,
Nos Sul nawr.

Dawnsio ar y draffordd, mae'r ceir o'u co,
Fel llygaid gwyn bwganod, mewn ffars ar ffo,
Heno'n hollol fodlon i deimlo'n brudd,
Yn gyrru drwy Soul nos Sul, gyrru drwy Soul nos Sul.

Cytgan +
Mm, nos Sul.

NWY YN Y NEN

Ar ben y my -nydd mae cw -mwl gwyn, A'r haul yn dawn -sio
ar don-nau'r llyn. Mae drws yr eg - lwys we-di cloi,
A glas y dor - lan we -di ffoi. Mae'r plant yn ga-dael am y
Cytgan
dre, Mae'r plant yn ga -dael am y dre. Ond mae nwy yn y nen ac mae'r
lleu - ad yn wen, Ac mae rhyw-beth o'i le yn y dre. Ond mae
nwy yn y nen ac mae'r lleu-ad yn wen, Ac mae rhyw-beth o'i le yn y dre.

Ar ben y mynydd mae cwmwl gwyn,
A'r haul yn dawnsio ar donnau'r llyn.
Mae drws yr eglwys wedi cloi,
A glas y dorlan wedi ffoi.
Mae'r plant yn gadael am y dre,
Mae'r plant yn gadael am y dre.

Cytgan:
Ond mae nwy yn y nen ac mae'r lleuad yn wen,
Ac mae rhywbeth o'i le yn y dre.
Ond mae nwy yn y nen ac mae'r lleuad yn wen,
Ac mae rhywbeth o'i le yn y dre.

Glaw yn disgyn, dagrau o aur,
Sŵn tywyllwch, a dawns y dail,
Mae'r ysgol fechan heb ei chân,
Teganau pren yn deilchion mân,
A'r plant yn gadael am y dre,
A'r plant yn gadael am y dre.

Cytgan

A phan ddaw'r gwanwyn i hebrwng yr haf,
Mewn dyffryn unig ar fore braf,
Mi glywaf sŵn y droed ar ras
Yn dweud ffarwél i'r ddinas gas,
Mae'r plant yn mynd yn ôl i'r wlad,
Mae'r plant yn mynd yn ôl i'r wlad.

Cytgan

(Dewi Pws Ⓗ Sain)

OS NA WNEI DI ADAEL NAWR

Em C D
Dwed, dwed, be sydd ar dy fe-ddwl di, Dwed, dwed, be sy'n dy rwys-tro di,
Em C
Dwed, dwed, fe ddif - la -nnith dy o - fnau di, Dwed, dwed y
D Em
geir - iau sy'n mynd i wneud chdi'n rhydd. Tyrd, tyrd, ar flae-na ein traed fe droed-iwn,
C D Em
Tyrd, tyrd, yn daw-el bach fe gudd - iwn, Tyrd, tyrd, ga - fael yn fy llaw i a
C D Cytgan C
Tyrd, tyrd, fe re-dwn ni o 'ma. Ti'n gwy-bod be fydd dy ha-
G B7 Em
- nes di os na wnei di a - dael nawr.
C G B7 Em
Yr un se-fyll-fa'n troi yn hun - llef, os na wnei di a-dael nawr.

Dwed, dwed, be sydd ar dy feddwl di,
Dwed, dwed, be sy'n dy rwystro di,
Dwed, dwed, fe ddiflannith dy ofnau di,
Dwed, dwed y geiriau sy'n mynd i wneud chdi'n rhydd.

Tyrd, tyrd, ar flaena ein traed fe droediwn,
Tyrd, tyrd, yn dawel bach fe guddiwn,
Tyrd, tyrd, gafael yn fy llaw i a
Tyrd, tyrd, fe redwn ni o 'ma.

Cytgan:
Ti'n gwybod be fydd dy hanes di
os na wnei di adael nawr.
Yr un sefyllfa'n troi yn hunllef,
os na wnei di adael nawr.

Clyw, clyw, mae rhyddid yn galw,
Clyw, clyw, mae pob man yn ddistaw,
Clyw, clyw, dy gyfle am fywyd gwell,
Clyw, clyw, rhywle sy'n ddigon pell.

Cytgan

(Brigyn ℗ Cymru Muzic Cyf.)

PAID Â BOD OFN

Cytgan
C C F C
Paid â bod ofn a-gor dy ga - lon, Paid â bod ofn sy-mud yn nes
Bb11 C Bb
y-ma; Paid â bod ofn dweud be sy'n dy fe - ddwl, Paid â bod ofn
C Bb11 C
os wyt ti'n medd - wl 'run fath â fi.
Pennill
Pan wyt ti
Ab
yn ed - rych ar - na i Y ffordd y-na fed - ra i ddim ma-dda i ti,
C Ab
Be sy'n mynd ym-laen tu ôl i'th ly-gaid di? Wyt ti'n mynd i rannu â mi
G7 F7 G7 C
O, be am ddweud be ddwe-daist ti wrth - a i nei - thiwr? Gei - ria yn y
F7 Bb11 Eb F G
gwres drwy yr or - ia hir, Neu 'di go - lau dydd yn
Cm F7 Ab7
gor-fod cu-ddio'r gwir, Cu-ddio'r gwir? Paid â bod ofn

PAID Â BOD OFN

Cytgan:
Paid â bod ofn agor dy galon,
Paid â bod ofn symud yn nes yma;
Paid â bod ofn dweud be sy'n dy feddwl,
Paid â bod ofn os wyt ti'n meddwl 'run fath â fi.

Pan wyt ti yn edrych arna i
Y ffordd yna fedra i ddim madda i ti,
Be sy'n mynd ymlaen tu ôl i'th lygaid di?
Wyt ti'n mynd i rannu â mi –
O, be am ddweud be ddwedaist ti wrtha i neithiwr?
Geiria yn y gwres drwy yr oria hir,
Neu 'di golau dydd yn gorfod cuddio'r gwir,
Cuddio'r gwir?

Cytgan

Dywed be wyt ti am i mi wneud
Gyda 'mywyd, aros yma amdanat ti,
Neu mynd fy ffordd fy hun
A chwilio am rywbeth gwell?
Oes 'na rywbeth gwell na hyn?
O, be am wneud be wnest ti i minna neithiwr?
Be am ddweud dy wirionedda i gyd?
Be am ddweud dy eiria wrtha i o hyd,
O hyd?

Cytgan

Cytgan olaf:
Paid â bod ofn agor dy galon,
Paid â bod ofn symud yn nes yma;
Paid â bod ofn agor dy galon,
Paid â bod ofn symud yn nes yma;
Paid â bod ofn agor dy galon,
Paid â bod ofn symud yn nes yma;
Paid â bod ofn dweud be sy'n dy feddwl,
Paid â bod ofn os wyt ti'n meddwl 'run fath â fi.
Paid â bod ofn.

(Caryl Parry Jones Ⓗ Caryl Parry Jones)

PAM FOD ADAR YN SYMUD I FYW?

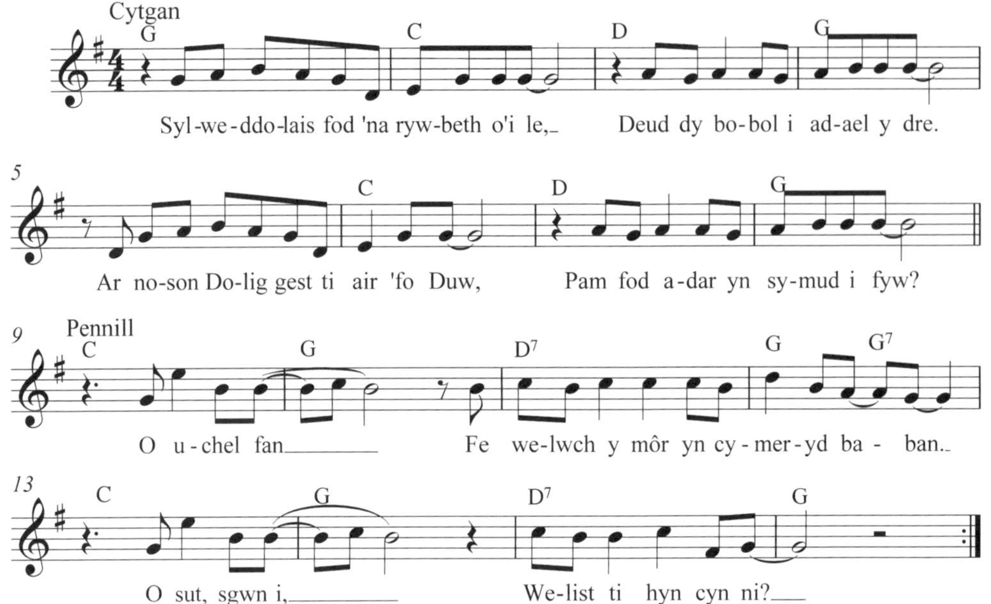
Cytgan
G C D G
Syl-we-ddo-lais fod 'na ryw-beth o'i le,_ Deud dy bo-bol i ad-ael y dre.
C D G
Ar no-son Do-lig gest ti air 'fo Duw, Pam fod a-dar yn sy-mud i fyw?
Pennill
C G D7 G G7
O u-chel fan_ Fe we-lwch y môr yn cy-mer-yd ba-ban._
C G D7 G
O sut, sgwn i,_ We-list ti hyn cyn ni?_

Cytgan:
Sylweddolais fod 'na rywbeth o'i le,
Deud dy bobol i adael y dre.
Ar noson Dolig gest ti air 'fo Duw,
Pam fod adar yn symud i fyw?

O uchel fan
Fe welwch y môr yn cymeryd baban.
O sut, sgwn i,
Welist ti hyn cyn ni?

Cytgan

Y jawaras,
Rhai 'di dweud eich bod yn bobol gas.
Ond mae'n ddrwg gen i
Bod ni'n disgwyl hyn fel chi.

Mae ganddom wyddoniaeth,
Teledu a chyfrifiaduron i ddallt
daearyddiaeth,
Ond sut, sgwn i,
Welist ti hyn cyn ni?

Cytgan

(Meilir Gwynedd/Osian Gwynedd Ⓗ Copa)

PAM FOD EIRA'N WYN?

G D Em G D Em
Pan fydd haul ar y my-nydd, Pan fydd gwynt ar y môr, Pan fydd
5 G D Em C G
blo-dau yn y per- thi,___ A'r goed - wig yn gôr;_ Pan fydd dag - rau f'an-wy-
10 G7 C A G C G D7
- lyd___ Fel gwlith ar y gwawn, Rwy'n gwy-bod,___ bryd hyn-ny,___ Mai hyn sydd yn
16 G Cytgan C G C
iawn. Rwy'n gwy- bod___ beth_ yw rhy-ddid,__ Rwy'n gwy-bod_ beth yw'r gwir,_ Rwy'n
21 G C A A7
gwy- bod__ beth__ yw car- iad____ At bo-bol ac at___ dir;___ Fe-lly
25 G D Em G D
peid-iwch â go-fyn eich cwest-iyn-au dwl,__ Peid-iwch ed-rych ar-na i mor syn,
28 Em G D Em C G
___ Dim ond ffŵl sydd yn go - fyn____ Pam fod ei - ra yn wyn.

Pan fydd haul ar y mynydd,
Pan fydd gwynt ar y môr,
Pan fydd blodau yn y perthi,
A'r goedwig yn gôr;
Pan fydd dagrau f'anwylyd
Fel gwlith ar y gwawn,
Rwy'n gwybod, bryd hynny,
Mai hyn sydd yn iawn.

Cytgan:
Rwy'n gwybod beth yw rhyddid,
Rwy'n gwybod beth yw'r gwir,
Rwy'n gwybod beth yw cariad
At bobol ac at dir;
Felly peidiwch â gofyn eich cwestiynau dwl,
Peidiwch edrych arna i mor syn,
Dim ond ffŵl sydd yn gofyn
Pam fod eira yn wyn.

Pan fydd geiriau fy nghyfeillion
Yn felys fel y gwin,
A'r seiniau mwyn, cynefin,
Yn dawnsio ar eu min,
Pan fydd nodau hen alaw
Yn lleddfu fy nghlyw,
Rwy'n gwybod beth yw perthyn
Ac rwy'n gwybod beth yw byw!

Cytgan

Pan welaf graith y glöwr,
A'r gwaed ar y garreg las,
Pan welaf lle bu'r tyddynnwr
Yn cribo gwair i'w das.
Pan welaf bren y gorthrwm
Am wddf y bachgen tlawd,
Rwy'n gwybod bod rhaid i minnau
Sefyll dros fy mrawd.

Cytgan

(Dafydd Iwan Ⓗ Sain)

PAN DDAW YFORY

Neith-iwr wrth dy y - myl Doedd am-ser ddim yn bod,
Bod 'da'n gi-lydd oedd yn bwy - sig A char-iad oedd y nod.
Ond he-no tyrd i 'mrei - chie, Cyn i ni dyn-nu'r llen,
A gad i ni o - bei - thio Na ddaw'r no-son byth i ben.
Cytgan
Ond pan ddaw y-fo - ry Rhaid dweud ffar - wél A rhoi pob dim yn ôl, Yn ôl i'r gor-ffen - nol A Duw a wyr Pwy oedd fwy-a ffôl.
Y tro olaf
Fwy-a ffôl.

PAN DDAW YFORY

Neithiwr wrth dy ymyl
Doedd amser ddim yn bod,
Bod 'da'n gilydd oedd yn bwysig
A chariad oedd y nod.

Ond heno tyrd i 'mreichie
Cyn i ni dynnu'r llen,
A gad i ni obeithio
Na ddaw'r noson byth i ben.

Cytgan:
Ond pan ddaw yfory
Rhaid dweud ffarwél
A rhoi pob dim yn ôl,
Yn ôl i'r gorffennol
A Duw a ŵyr
Pwy oedd fwya ffôl.

Gwn mai camgymeriad
Oedd gafael ynot ti,
Ac fe wyddon ni o'r cychwyn
Nad oedd gwawr i'n cariad ni.

A hwn yw'r heno olaf,
Cyn hir fe dyr y wawr,
Felly rho im dy dynerwch,
Ein machlud ni sy nawr.

Cytgan

(Caryl Parry Jones Ⓗ Sain)

PAN FO CYRFF YN CWRDD

A D E
Car-iad,car-ia 'mlaen_ Am fun-ud fach ar-all,_ os mae'n bo-sib.
5
A D E
Wi'n dech-re sob-ri lan___ Ac ym-ddwyn yn gall-ach,_cosb yw'r at-eb.
9
A D Bm E
Paid tyn-nu fy nghoes, Oes, mae gêm-au saff- ach_ i chwa-re gy-da
13
A F♯m Bm E A
dyn Sy'n gwb-od ei werth, Ond en-wau sy'n rhat-ach. Cw-pwl o beints,'na i gyd yw
18
D A E A
hwn. Na, na, dim cweit, mae'r byd yn grwn. Iawn, iawn, mae'n swel, mae'r geir-ie'n
22
F♯m Bm E Cytgan A
llwm, Ond mae un rhes-wm,_mae'r geir-ie'n glwm. Ac mae rhyw-beth yn dig wydd pan fo
26
D E A D E A
cyrff yn_cwrdd, Mae'r gwaith yn ga - lw fi i ffwrdd. Dros y_ ffôn mae llais yn
30
D E D E F♯m
dweud mewn si_ Fod geir-ie bach mor bwys-ig yn y man_ iawn i bob-ol fel_ ni.
34
D E F♯m
Mae geir-ie bach mor bwys-ig yn y man iawn i bob-ol fel ni.

PAN FO CYRFF YN CWRDD

Cariad, caria 'mlaen
Am funud fach arall, os mae'n bosib.
Wi'n dechre sobri lan
Ac ymddwyn yn gallach, cosb yw'r ateb.
Paid tynnu fy nghoes,
Oes, mae gêmau saffach i chware gyda dyn
Sy'n gwbod ei werth,
Ond enwau sy'n rhatach.

Cwpwl o beints, 'na i gyd yw hwn.
Na, na, dim cweit, mae'r byd yn grwn.
Iawn, iawn, mae'n swel, mae'r geirie'n llwm.
Ond mae un rheswm, mae'r geirie'n glwm.

Cytgan:
Ac mae rhywbeth yn digwydd pan fo cyrff yn cwrdd,
Mae'r gwaith yn galw fi i ffwrdd.
Dros y ffôn mae llais yn dweud mewn si
Fod geirie bach mor bwysig yn y man iawn i bobol fel ni.
Mae geirie bach mor bwysig yn y man iawn i bobol fel ni.

Yn fwyfwy dyddie hyn
Wi'n gofyn beth yw'r trwbwl, dim o gwbwl.
Ac wi'n cofio amser pell
Pan oedd pethau llawer gwell na gwely dwbwl.
Nawr wi'n symud o'r ffordd
A gyrru i ffwrdd pan fo cyrff yn cwrdd.
Mae llythyr yn y post
I ateb unrhyw gost.
Mae'r arian ar y bwrdd.

Cytgan x 2

(Trwynau Coch – Huw Davies/Phylip Williams/Aled Roberts/Rhys Harris/Alun Harris Ⓗ Sain)

PAN FO'R NOS YN HIR

A E F♯m D E A D
Pan fy-ddo'r nos yn hir, a phell y wawr; Brwy - dro drwy'r
6
E C♯ B E C♯
o - riau hir heb gwsg un awr. Ym - ladd a
10
F♯m C♯7 F♯m B
throi a throi drwy'r o - riau maith, Heb we - led
14
E B7 E A
di - wedd ddoe na phen i'r daith. Y - na drwy'r
18
C♯ F♯m D B7 A C♯ F♯m
t'wy - llwch du gwe - laf dy wy - neb di, Wrth go - fio'r rha-mant
22
A C♯ F♯m Bm C♯m D E A
cau mae'r am - rant Pan fo'r nos yn hir. Y - na drwy'r
26
C♯ F♯m D B7 A C♯ F♯m
t'wy - llwch du gwe - laf dy wy - neb di, Ac ofn a gi - lia,
30
A C♯ F♯m Bm C♯m D E A D A
braw ddi - fla - nna Pan ddaw'r nos yn ddydd.

PAN FO'R NOS YN HIR

Pan fyddo'r nos yn hir, a phell y wawr;
Brwydro drwy'r oriau hir heb gwsg un awr.
Ymladd a throi a throi drwy'r oriau maith,
Heb weled diwedd ddoe na phen i'r daith.
Yna drwy'r t'wyllwch du gwelaf dy wyneb di,
Wrth gofio'r rhamant cau mae'r amrant
Pan fo'r nos yn hir.
Yna drwy'r t'wyllwch du gwelaf dy wyneb di,
Ac ofn a gilia, braw ddiflanna
Pan ddaw'r nos yn ddydd.

Dyw iaith heb gerddoriaeth roc ddim yn werth ei hachub. Mae'n iaith dlawd, sydd wedi troi ei chefn ar un o brif gyfryngau diwylliant y byd.
Dylan Iorwerth

PENRHYN LLŶN

D A
Braich o dir yn hir y - mes-tyn tu- a'r gor-wel draw, Creig-iau
6
D
llwyd yn gol-chi'u dwy- lo___ yn y môr is - law; Y-nys En-lli sydd yn
11
G
cys- gu___ fel y sein-tiau gynt, Lleis-iau Llŷn sy'n sib-rwd
15
D A7 D Cytgan G
he- no___ yn da-wel yn y___ gwynt. Pen-rhyn Llŷn a'i braich am-
19
D
da- naf,___ Pen-rhyn Llŷn yw'r lle a ga- raf;___ Aur ei thrae-thau, lliw-iau'r
23
A E A D
mach-lud___ fel y gwin. Pen-rhyn Llŷn sy'n llon-ni'r ga-lon, Pen-rhyn
28
D7 G
Llŷn sy'n llawn at - gof- ion, Sy'n gwi - re - ddu fy mreudd -
31
D A D
wyd - ion, Pen - rhyn Llŷn.

PENRHYN LLŶN

Braich o dir yn hir ymestyn tua'r gorwel draw,
Creigiau llwyd yn golchi'u dwylo yn y môr islaw;
Ynys Enlli sydd yn cysgu fel y seintiau gynt,
Lleisiau Llŷn sy'n sibrwd heno yn dawel yn y gwynt.

Cytgan:
Penrhyn Llŷn a'i braich amdanaf,
Penrhyn Llŷn yw'r lle a garaf;
Aur ei thraethau, lliwiau'r machlud fel y gwin.
Penrhyn Llŷn sy'n llonni'r galon,
Penrhyn Llŷn sy'n llawn atgofion,
Sy'n gwireddu fy mreuddwydion,
Penrhyn Llŷn.

I Garn Fadryn awn yn hogyn pan ddôi gwyliau'r haf,
Chwarae cuddio, yna dringo yn yr heulwen braf.
Fe ddôi yno chwa i'm suo, ac yng ngwres yr haul
Teimlwn nad oedd ar y ddaear unman gwell i'w gael.

Cytgan

Clywed eto sŵn yr hwyliau, eto fel o'r blaen,
Dafydd Jôs yn codi angor draw ym Mhorthdinllaen.
Hwyliais innau fwy nag unwaith i bellafoedd byd
Ond i'r hafan ym Morfa Nefyn dof yn ôl o hyd.

Cytgan

Mae'r fraich yna o'r tir yn bwysig iawn i ni;
mae hi'n galw arnom yn ôl o ble bynnag
y byddwn yn trafaelio.
John ac Alun

(John T Jones/Hywel Gwynfryn Ⓗ Sain)

PISHYN

C F C
Pi-shyn, pi-shyn, i ble rwyt ti'n mynd? Pi-shyn, pi-shyn,
6
F C Dm
ga i fod yn ffrind? Pi-shyn ha-pus, pi-shyn sia-pus, pi-shyn
10
G C G C F
del, Rwyt ti'n well na'r mêl. Pi-shyn, pi-shyn, beth am-da-na i?
15
C F
Bap bap, shw-bi-dw-ap-bap. Pi-shyn, pi-shyn, ga i dy ga-ru di?
19
C Dm
Bap bap, shw-bi-dw-ap. Pi-shyn ha-pus, pi-shyn sia-pus, pi-shyn
22
G C F
del, Rwyt ti'n well na'r mêl. Fe gawn or-wedd ar y so-ffa
27
C F C
glyd, A chawn ga-ru dros y tŷ i gyd,
32
F G C
Cawn ga-ru dros y tŷ i gyd. Ie, ti a mi.

PISHYN

Pishyn, pishyn, i ble'r wyt ti'n mynd?
Pishyn, pishyn, ga i fod yn ffrind?
Pishyn hapus, pishyn siapus, pishyn del,
Rwyt ti'n well na'r mêl.

Pishyn, pishyn, beth amdana i?
Bap bap, shw-bi-dw-ap-bap.
Pishyn, pishyn, ga i dy garu di?
Bap bap, shw-bi-dw-ap.
Pishyn hapus, pishyn siapus, pishyn del,
Rwyt ti'n well na'r mêl.

Fe gawn orwedd ar y soffa glyd,
A chawn garu dros y tŷ i gyd,
Cawn garu dros y tŷ i gyd.
Ie, ti a mi.

Pishyn, pishyn, i ble'r wyt ti'n mynd?
Pishyn, pishyn, ga i fod yn ffrind?
Pishyn hapus, pishyn siapus, pishyn del,
Rwyt ti'n real gel.

(Dewi Pws/Cleif Harpwood ℗ Sain)

REBAL WÎCEND

A D A
Mae'n cyr-raedd ei swydd fa yn gyn-nar bob bo-re Yn car-io ei frîff-ces ec-
Bm E F♯m D
se-ciw-tif bach. "Bo-re da, Mis-tar El-iot" a "Diolch yn fawr, Ra-chel, A
A E A
chof-iwch, dim siw-gwr, tri-o ca-dw yn iach." Ac mae'n
Bm E A
eis-tedd fel sowld-iwr o flaen ei bro-se-sydd A phob pin a pha-pur a ffeil
E A D
— yn eu lle, Ac am bump mae o'n ôl tu ôl i lyw'r B M dyb-liw Yn
A 1,3 E A 2,4 E A A7 Cytgan
gyr-ru am ad-re ar gyr-ion y dre. hwyr ar nos Sul. A dy-na chi
D A
fo, yn re-bal wîc-end go iawn, He-fo'i stic-on ta-
Bm E A
tŵ a'i dun ba-co her-bal yn llawn.
A7 D A
— Yn re-bal wîc-end o'i go-run i'w draed Ac
Bm E A
ys-bryd gwrth-ry-fel yn ber-wi 'mhob di-fe-ryn o'i waed.

REBAL WÎCEND

Mae'n cyrraedd ei swyddfa yn gynnar bob bore
Yn cario ei frîffces ecsetiwtif bach.
"Bore da, Mistar Eliot" a "Diolch yn fawr, Rachel,
A chofiwch, dim siwgwr, trio cadw yn iach."
Ac mae'n eistedd fel sowldiwr o flaen ei brosesydd
A phob pin a phapur a ffeil yn eu lle,
Ac am bump mae o'n ôl tu ôl i lyw'r BMW
Yn gyrru am adre ar gyrion y dre.

Bob nos wrth droi'r goriad mae'n gweiddi, "Dwi adre.
Sut ddiwrnod gest ti a be sy 'na i de?"
Ac ar garreg yr aelwyd mae'i slipars yn c'nesu
Ac arogl cartref yn llenwi y lle.
Ond ar nos Wenar daw adre a hongian ei siwt
A newid i'r hen denims cul,
Hongian modrwyau trwy'r tyllau'n ei glustiau
A chuddio y rasal tan yn hwyr ar nos Sul.

Cytgan:
A dyna chi fo, yn rebal wîcend go iawn,
Hefo'i stic-on tatŵ a'i dun baco herbal yn llawn.
Yn rebal wîcend o'i gorun i'w draed
Ac ysbryd gwrthryfel yn berwi 'mhob diferyn o'i waed.

Ac ar bnawn Sadwrn mewn denims a lledar,
Crys T heb lewys a'i wallt o yn saim,
Mae'n mynd draw i'r dafarn i siarad â'r rocars,
I yfed Jack Daniels yn lle lagyr a laim.
Ac ar ôl yfed digon mae'r gitâr yn dod allan
Ac mae o'n canu y blŵs a thrio swnio yn ddu.
Sôn am drallodion genod ysgol yn disgwyl.
Mae o'n teimlo fel deryn ac ymddwyn fel ci.

Cytgan

Amser cinio dydd Sul mae o'n ôl yn y dafarn
Yn yfed ei hochor o ddeuddeg tan dri,
Yn siarad yn ddwfn am genod a wisgi
A phob ystum o'i eiddo yn dweud 'ylwch fi'.
Ond gyda'r nos, cyn gwylio *Hel Straeon*,
Mae o ar goll ym mybls y bath, digon siŵr.
Mae'r metamorffosis drosodd am wythnos fach arall
Pan mae'r rebal yn mynd lawr y plŷg gyda'r dŵr.

Cytgan

Ac ar fore dydd Llun mae o'n ôl yn y swyddfa,
A'r crîs yn ei drowsus yn finiog fel blêd.
Mae'r rebal wîcend yn edrych o'i gwmpas
Ac yn sylweddoli ei fod o yn mêd.

(Emyr Huws Jones Ⓗ Sain)

RUE ST MICHEL

E B A
Ar y Rue St Mi- chel, y mae gwres yn yr a-
E B E
wel, Pan mae'r gwan -wyn yn troi tu - a'r haf.
B A
Ar a - wyr y bo - re mae a - ro - gl co-
Cytgan
E B E
ffi, Rwy'n mynd 'nôl i'r hen Rue St Mi - chel. Ar y
B A E
Rue St Mi - chel, lawr yn Bar Chez Mi-nouche, Yf-wn ni
B A E
Chou - chen me - lys neu sei - dr bou - ché. O, mae'n
B A E
braf yn yr haf ar y Rue St Mi-chel, Braf yn yr haf
B A E A E
ar y Rue St Mi-chel. W, la, la, w, la, la,
B7 E A E B7 E
Rue St Mi-chel. W, la, la, w, la, la, Rue St Mi-chel.

RUE ST MICHEL

Ar y Rue St Michel, y mae gwres yn yr awel,
Pan mae'r gwanwyn yn troi tua'r haf.
Ar awyr y bore mae arogl coffi,
Rwy'n mynd 'nôl i'r hen Rue St Michel.

Cytgan:
Ar y Rue St Michel, lawr yn Bar Chez Minouche,
Yfwn ni Chouchen melys neu seidr bouché.
O, mae'n braf yn yr haf ar y Rue St Michel,
Braf yn yr haf ar y Rue St Michel.

Ar y Rue St Michel, cardotyn sy'n cysgu,
A'r wisteria sy'n hongian o'r wal.
Ac mae sŵn pobol hwyr o'r cafés byth yn galw,
Yn y nos ar y Rue St Michel.

Cytgan:

Ar y Rue St Michel sdim ots am yfory,
Awn ni eto i Bar Chez Minouche,
Lle mae hud y Chouchen yn llifo i 'mhen,
Ac mae'r miwsig yn llifo trwy'r drws.

Cytgan +
W, la, la, w, la, la, Rue St Michel.
W, la, la, w, la, la, Rue St Michel.

Ar y Rue St Michel rhyfeddod a welaf,
Hen Arab â llond ceg o aur,
Sy'n chwerthin a dawnsio i ganu y Cymro,
Heb ddeall un gair o Gymraeg!

Cytgan +
W, la, la, w, la, la, Rue St Michel.
W, la, la, w, la, la, Rue St Michel.

(Meic Stevens Ⓗ Sain)

RHEDEG I PARIS

D
G
Gad-ael y wlad a gad-ael fy ngwlad, Dwi 'sio'r siawns i weld y byd. Dwi'n
5
A
G
A
rhed-eg i lawr at y Champs El-y-sées, Chwi-lio am y Mo - na Li-sa.
9
D
G
Ed-rych o ben y Tour Ei-ffel, A sug-no eg-ni aw-yr Pa-ris.
13
A
G
A
Pawb yn brwy-dro dros y by-wyd braf A dwi 'sio rhe-deg yn ôl i Gym-ru.
17
Cytgan
D
G
A
Rhe-deg i fy-ny ac i lawr, Rhe-deg i Ba - ris.
21
D
G
A
D
Rhe-deg i ffwrdd i ddod yn ôl, Rhe-deg i Ba - ris.

RHEDEG I PARIS

Gadael y wlad a gadael fy ngwlad,
Dwi 'sio'r siawns i weld y byd.
Dwi'n rhedeg i lawr at y Champs Elysées,
Chwilio am y Mona Lisa.

Edrych o ben y Tour Eiffel,
A sugno egni awyr Paris.
Pawb yn brwydro dros y bywyd braf
A dwi 'sio rhedeg yn ôl i Gymru.

Cytgan:
Rhedeg i fyny ac i lawr,
Rhedeg i Baris.
Rhedeg i ffwrdd i ddod yn ôl,
Rhedeg i Baris.

Mynd i ffwrdd a throi fy nghefn,
Cymeryd y siawns i edrych yn ôl
Ar ôl rhedeg lawr y Champs Elysées,
Chwilio am y Mona Lisa.
Wedi gweld y llun a gweld y tŵr
Cofio bod pentrefi wedi boddi dan ddŵr.
Does dim portread a all gymharu
Â'r siawns i weithio o fy nghartre.

Cytgan

Gadael y wlad a gadael fy ngwlad,
Cymeryd y siawns i weld y byd.
Rhedeg lawr y Champs Elysées,
Chwilio am y Mona Lisa.
Wedi gweld y llun a gweld y tŵr
Cofio bod pentrefi wedi boddi dan ddŵr.
Does dim portread a all gymharu
Â'r siawns i weithio o fy nghartre.

Cytgan x 2

RHYWBETH BACH YN POENI

A Em A Em
Cwsg ni ddaw__ e-to he-no, rhaid es-gor cre-fydd blin.__
5
A Em A Em
Dim ym-gyng-ho-ri cyn gweith-re - du o'm pen a'm pas-twn fy hun.__
9
A Em A Em
Nid aur yw po-peth me - lyn, ti'n gw-bod hyn-ny'n iawn,__
13
A Em A Em Cytgan
Fe-lly, fe-lly, pam__ ti'n dry - su drwy'r bo-re a'r pryn-hawn.__ Mae
17
A G D A G
rhyw-beth bach yn poe - ni pawb__ o hyd.__ Rhyw-beth bach yn poe - ni pawb
20
D A G D
__ o hyd.__ Rhyw-beth bach yn poe - ni pawb__ o hyd.__
23
A G D A ar y diwedd
Rhyw-beth bach yn poe - ni.

RHYWBETH BACH YN POENI

Cwsg ni ddaw eto heno, rhaid esgor crefydd blin.
Dim ymgynghori cyn gweithredu o'm pen a'm pastwn fy hun.
Nid aur yw popeth melyn, ti'n gwbod hynny'n iawn,
Felly, felly, pam ti'n drysu drwy'r bore a'r prynhawn.

Cytgan:
Mae rhywbeth bach yn poeni pawb o hyd.
Rhywbeth bach yn poeni pawb o hyd.
Rhywbeth bach yn poeni pawb o hyd.
Rhywbeth bach yn poeni.

Fel cacynen mewn bys coch, yn swnian yn ddi-daw,
Tân mewn eithinen yw d'addewid, cael bwced heb ddim rhaw.
Diofal yw'r aderyn sy'n canu yn y coed,
Malio dim am ddigwyddiadau, methu cadw oed.

Cytgan

Dwi'n mynd i'r gwaith yn fy nghar.
Ar hyd y briffordd mae'r car yn gyrru.
Dwi'n lico swyddfa, mae pob dim yn daclus,
Dwi ddim yn poeni, mae ffôn yn handi.
Nid aur yw popeth melyn, ti'n gwbod hynny'n iawn.
Felly, felly, pam ti'n drysu drwy'r bore a'r prynhawn.

Cytgan

RHYWBETH O'I LE

Em C D B
Mi da-rodd deu-ddeg, han-ner nos, ta-wel ar y mey-sydd, dis-taw ar y ffos,
3
Em A D G C G C B
han-ner nos. Dim o'i le, does dim o'i le.
7
Em C D B
Trem draw i'r myn-ydd ar fferm Pen-sarn, an-adl o-la'r mar-wor yn di-ffodd ger y pen-tan,
9
Em A D G C G C B
I-fan yn pen-dwmp-ian. Dim o'i le, does dim o'i le.
13
Em C D B
Gertre fach De-rry, ar ryw stryd fach gefn, gor-we-ddai De-io a bw-led yn ei ben.
15
Em G C D
Ac mae'r cwes-tiwn mawr yn at-sain ym Mhen-sarn, ac yn
18
G C D
Cytgan
G
chwi-lio am yr a-teb bydd ei fam. I be mae gwaed fy mab
21
C D G C D
yn lli-fo'n oer? I be mae'i gorff yn gel-ain o dan y lloer?
24
G C D Em A
I be mae mam yn fam i blen-tyn y gad, mor bell o dir ei dad?
27
C D C D G
Mor bell o dir ei dad.

RHYWBETH O'I LE

Mi darodd deuddeg, hanner nos, tawel ar y meysydd, distaw ar y ffos, hanner nos.
Dim o'i le, does dim o'i le.
Trem draw i'r mynydd ar fferm Pen-sarn, anadl ola'r marwor yn diffodd ger y pentan,
Ifan yn pendwmpian.
Dim o'i le, does dim o'i le.
Ger tre fach Derry, ar ryw stryd fach gefn, gorweddai Deio a bwled yn ei ben.
Ac mae'r cwestiwn mawr yn atsain ym Mhen-sarn, ac yn chwilio am yr ateb bydd ei fam.

Cytgan:
I be mae gwaed fy mab yn llifo'n oer?
I be mae'i gorff yn gelain o dan y lloer?
I be mae mam yn fam i blentyn y gad, mor bell o dir ei dad?
Mor bell o dir ei dad.

Mi darodd deuddeg, hanner dydd, tawel ar y meysydd, distaw ar y ffridd, hanner dydd.
Rhywbeth o'i le, rhywbeth mawr o'i le.
Trem draw i'r mynydd ar fferm Pen-sarn, galarwyr yn eu du yn fudan ger y pentan,
Yn syllu'n wag mae Ifan.
Rhywbeth o'i le, rhywbeth mawr o'i le.
Ar dir yr eglwys, tu draw i'r ffridd, mae un bedd newydd a Deio yn y pridd.
Ac mae'r cwestiwn mawr yn atsain ym Mhen-sarn, ac yn chwilio am yr ateb bydd ei fam.

Cytgan:
I be mae gwaed fy mab yn llifo'n oer?
I be mae'i gorff yn gelain o dan y lloer?
I be mae mam yn fam i blentyn y gad, sy'n gorff ar dir ei dad?
Sy'n gorff ar dir ei dad.
I be mae gwaed fy mab yn llifo'n oer?
I be mae'i gorff yn gelain o dan y lloer?
I be mae mam yn fam i blentyn y gad, sy'n gorff ar dir ei dad?
Sy'n gorff ar dir ei dad.

SEITHENNYN

Pennill
G Em G
I lawr ym Maes Gwydd-no Mae mam a'i phlant yn deud nos da A ti e-fo
Em G Em
gwin yn dy law. A phym-theg di-nas y-no A gor-iad drws y lli sydd ger-
G Em
llaw. Fe ym-rwy-maist i'r wledd.
Cytgan
B
Sei-then-nyn, cwyd,
E A D
A chof-ia gau y glwyd!
B
Saith en-nyd sydd
E A D
Cyn i-ti'n bo-ddi ni i gyd!
Pennill
G
I bawb o wlad yr eff-ro, O'r
Em G Em
bre-nin i'r car-do-tyn rhaid i chi Gei-sio no-fio mewn hedd, A
G Em G
chly-cha Can-tre'r Gwae-lod Yn ca-nu e-fo'r pys-god dan y lli, A Sei-
Em
then-nyn oedd swrth.
Cytgan
B E A
Sei-then-nyn, cwyd, a chof-ia gau y glwyd!
D B E A D
Saith en-nyd sydd Cyn i-ti'n bo-ddi ni i gyd!
F# E C#
Co-fia gau y drws, cof-ia gau y drws, drws tlws; Cof-ia gau y drws, cof-ia gau y drws.
F# E C#
Co-fia, co-fia, drws, drws, Co-fia gau y drws, gau y drws, drws, tlws, tlws.

SEITHENNYN

I lawr ym Maes Gwyddno
Mae mam a'i phlant yn deud nos da
A ti efo gwin yn dy law.
A phymtheg dinas yno
A goriad drws y lli sydd gerllaw.
Fe ymrwymaist i'r wledd.

Cytgan:
Seithennyn, cwyd,
A chofia gau y glwyd!
Saith ennyd sydd
Cyn iti'n boddi ni i gyd!

I bawb o wlad yr effro,
O'r brenin i'r cardotyn rhaid i chi
Geisio nofio mewn hedd,
A chlycha Cantre'r Gwaelod
Yn canu efo'r pysgod dan y lli,
A Seithennyn oedd swrth.

Cytgan

Cofia gau y drws, cofia gau y drws, drws tlws;
Cofia gau y drws, cofia gau y drws.
Cofia, cofia, drws, drws,
Cofia gau y drws, gau y drws, drws tlws, tlws.
Cofia gau y drws, cofia gau y drws, drws tlws,
Cofia gau y drws, cofia gau y drws.
Cofia, cofia drws, drws,
Cofia gau y drws, gau y drws, drws tlws, tlws.

O bawb oedd yn dy gyfnod,
Fe hoffem gael dy lofnod yn fwy na neb.
Fe ymrwymaist i'r wledd.
Syml oedd dy orchwyl
Ond haws oedd i ti foddi'th wlad a ti
Oedd â gwin yn dy law.

Cytgan x 2

(Gwynedd, Gwynedd, Siôn, Tame Ⓗ Sain)

STESION STRATA

Ffar - wél i Stes-ion Stra-ta, Ffar-wél i Yst-rad Fflur, Ffar -
wél i lyn-noedd Tei - fi a'u dyfr-oedd pur. Ffar - wél i'r grug a'r fawn-og A
llwch y gwei-thie mwyn, Ffar -wél i ferch y bryn- ie a'i serch a'i swyn. Mae
hi-raeth am y dyfr-oedd ym mref yr hydd, Mae hi-raeth yn y nos am we-led
to-riad dydd, Mae hi-raeth ar hen ael-wyd am gael ail-gyn-nau'r tân, Mwy
Cytgan
hi-raeth sy'n fy mron am ga-riad ge-neth lân. Rhudd yw ei gru-ddiau,
Rhos-yn mewn rhith, Dwy ly-gad em-rallt yn gloy-wi fel gwlith. Rhudd yw ei grudd-iau,
Rhos-yn mewn rhith, Dwy ly-gad em-rallt yn gloy-wi fel gwlith ar y gwawn.

STESION STRATA

Ffarwél i Stesion Strata,
Ffarwél i Ystrad Fflur,
Ffarwél i lynnoedd Teifi a'u dyfroedd pur.
Ffarwél i'r grug a'r fawnog
A llwch y gweithie mwyn,
Ffarwél i ferch y brynie a'i serch a'i swyn.
Mae hiraeth am y dyfroedd ym mref yr hydd,
Mae hiraeth yn y nos am weled toriad dydd,
Mae hiraeth ar hen aelwyd am gael ailgynnau'r tân,
Mwy hiraeth sy'n fy mron am gariad geneth lân.

Cytgan:
Rhudd yw ei gruddiau,
Rhosyn mewn rhith,
Dwy lygad emrallt yn gloywi fel gwlith.
Rhudd yw ei gruddiau,
Rhosyn mewn rhith,
Dwy lygad emrallt yn gloywi fel gwlith ar y gwawn.

Er gweled ar fy nheithiau
Ryfeddodau'r byd,
Ac er i diroedd pell dros ennyd ddwyn fy mryd,
Gwn mwy na fyddaf fodlon
Nes profi eto'r swyn
Yng nghwmni merch y bryniau ar Esgair Mwyn.

Cytgan

(Tecwyn Ifan ⓗ Sain)

TAFARN YN NOLRHEDYN

Pen - tre bach uch - el, mae o'n uwch na Llan, Lle mae dŵr y myn-ydd yn
ca-nu i'r llyn, Ac yn yr ha maen nhw'n cau y dam, Y ma-mau yn pad-lo a'r
plant yn no - fio. Pen - tre bach dis-taw, sdim di-gon o sŵn. Mae'r
nyt-ars i gyd yn nei - dio Llyn Cŵn, Ac uwch ar y crei - gia mae'r
Cytgan
dring-wyr i gyd E-fo'u rha - ffa glas a'u ca - ri - bi - nas. Ond
be does 'na ddim Y-dy taf- arn yn fan hyn. 'Sa 'na daf-arn yn fan
hyn 'Sa fo'n bŵ - - ming. Fe - lly be 'dan ni
ang - an Y - dy taf - arn yn Nol - rhed - yn. La la la la.

TAFARN YN NOLRHEDYN

Pentre bach uchel, mae o'n uwch na Llan,
Lle mae dŵr y mynydd yn canu i'r llyn,
Ac yn yr ha maen nhw'n cau y dam,
Y mamau yn padlo a'r plant yn nofio.

Pentre bach distaw, sdim digon o sŵn.
Mae'r nytars i gyd yn neidio Llyn Cŵn,
Ac uwch ar y creigia mae'r dringwyr i gyd
Efo'u rhaffa glas a'u caribinas.

Cytgan:
Ond be does 'na ddim
Ydy tafarn yn fan hyn.
'Sa 'na dafarn yn fan hyn
'Sa fo'n bŵming.
Felly be 'dan ni angan
Ydy tafarn yn Nolrhedyn.
La la la la.

Fasa'r lle 'ma'n gneud pryda, 'sa'r lle 'ma'n gneud tân,
Rhyw foi yn y gornel yn canu rhyw gân,
A digon o le i'r band roi y stwff
A chwara miwsig i gyfeiliant y ffisig.

'Sa'r lle 'ma'n llawn merchad – ond nid rhai rhy hen –
Yn gwenu a mwydro, rhoi gwên ar bob gên.
Ac wedi i ti fachu, ti'n gwrthod lock-in.
Mae'r lle 'ma'n rhy boeth, awn i nofio yn noeth.

Cytgan x 2

(Mim Twm Llai Ⓗ Sain)

TÂN YN LLŶN

Cytgan
Em Bm Em G
Beth am gyn-nau tân fel y tân yn Llŷn? Beth am gyn-nau tân fel y
D7 G C D Am B7
tân yn Llŷn? Tân yn ein ca-lon a thân yn ein gwaith,
Em G B7 Em D
Tân yn ein cre-fydd a thân dros ein hiaith. Tân, tân,
Am B Em B7 Em
tân, tân. Beth am gyn-nau tân fel y tân yn Llŷn?
Pennill
Bm Em Bm
D. J., Saun ders a Va- len - tine, Dy-na i chi dân a gyn-heu-wyd gan y
Em Bm Em
rhain, Tân yn y gog- ledd yn ym-es-tyn lawr i'r de,
G Am Em B7
Tân oedd yn gyff - ro trwy bob lle.

TÂN YN LLŶN

Cytgan:
Beth am gynnau tân fel y tân yn Llŷn?
Beth am gynnau tân fel y tân yn Llŷn?
Tân yn ein calon a thân yn ein gwaith,
Tân yn ein crefydd a thân dros ein hiaith.
Tân, tân, tân, tân.
Beth am gynnau tân fel y tân yn Llŷn?

D.J., Saunders a Valentine,
Dyna i chi dân a gynheuwyd gan y rhain,
Tân yn y gogledd yn ymestyn lawr i'r de,
Tân oedd yn gyffro trwy bob lle.

Cytgan

Gwlad yn wenfflam o'r ffin i'r môr.
Gobaith yn ei phrotest a rhyddid i ni'n stôr.
Calonnau'n eirias i unioni'r cam
A gwreichion yn Llŷn wedi ennyn y fflam.

Cytgan

Ble mae'r tân a gynheuwyd gynt,
Ddiffoddwyd gan y glaw a chwalwyd gan y gwynt?
Ai yn ofer yr aberth, ai yn ofer y ffydd
Y cawsai'r fflam ei hailgynnau rhyw ddydd?

Cytgan

(Ann Fychan Ⓗ Sain)

TI A DY DDONIAU

G D7 G E7
O ble___gest ti'r ddawn_ o dor - ri ca - lon - ne?__ O
C E7 Am A7 G
ble___gest ti'r ddawn_ o ddweud_ y cel - wy - dde?__ Ac o ble___gest ti'r
B7 Em Am A7
wên___ a'r ddau ly - gad bach ty - ner?_ Ac o ble___gest ti'r tinc___ yn dy
Cytgan
D7 G Bm G7
lais?________ Os mai hyn___oedd dy fw - riad,_ i'm gwneud_ i yn
E7 Am F D7
ffŵl, Wel do, mi lwy - ddaist,_ mi lwy - ddaist yn llawn.____
G B7 Em
________ Ond yr hyn____ rwyf am wy - bod_ yn awr,_____
E♭m G D7 1. G
________ Dwed i mi, o dwed i mi, Ble gest ti'r ddawn?_____
2. G C G C G F G
ddawn? Ble gest ti'r ddawn?____ Ble gest ti'r ddawn?__________

TI A DY DDONIAU

O ble gest ti'r ddawn o dorri calonne?
O ble gest ti'r ddawn o ddweud y celwydde?
Ac o ble gest ti'r wên a'r ddau lygad bach tyner?
Ac o ble gest ti'r tinc yn dy lais?

Cytgan:
Os mai hyn oedd dy fwriad, i'm gwneud i yn ffŵl,
Wel do, mi lwyddaist, mi lwyddaist yn llawn.
Ond yr hyn rwyf am wybod yn awr,
Dwed i mi, o dwed i mi,
Ble gest ti'r ddawn?

Rwy'n cofio fel ddoe ti yn dweud, "Cara fi nawr"
A minnau yn ateb fel hyn, "Caraf di nawr".
Ond mae ddoe wedi mynd a daeth heddiw yn greulon,
Ac o ble, ac o ble, ble rwyt ti?

Cytgan

(Ryan Davies Ⓗ Eirene Davies)

TRAWS CAMBRIA

A F♯m
Mae hi'n tei-thio ar fws Traws Cam-bri-a ar fo-re glaw-og
5
D A
llwyd. Mae gan-ddi gur yn ei phen a phoen yn ei bol ar ôl
8
C E A
cych-wyn heb dam-aid o fwyd. Ac mae'r lôn yn sglein-io'n ddu a gwlyb, ol-
12
F♯m D A
wyn-ion yn troi is-law ffar-wel i'r gwaith mewn siop sgi-dia, bois, mae 'na
16
Cytgan
E A E A F♯m
fan gwyn man draw. Breu-ddwy-dio am y-fo-ry ac ang-hof-io am
22
Dm/F A F♯m
ddoe, breu-ddwy-dio am y-fo-ry, a
26
A E F♯m D E7
ffoi.

TRAWS CAMBRIA

Mae hi'n teithio ar fws Traws Cambria
ar fore glawog llwyd.
Mae ganddi gur yn ei phen
a phoen yn ei bol
ar ôl cychwyn heb damaid o fwyd.
Ac mae'r lôn yn sgleinio'n ddu a gwlyb,
olwynion yn troi islaw –
ffarwél i'r gwaith mewn siop sgidia, bois,
mae 'na fan gwyn man draw.

Cytgan:
Breuddwydio am yfory ac anghofio am ddoe,
breuddwydio am yfory – a ffoi.

Dacw Sunland, Funland, "Sunny Rhyl",
Llandudno heb ymwelwyr haf,
mwynder Maldwyn yn ymestyn o'i blaen
yn welw a llwyd fel claf…
'Toes ganddi hi ddim breuddwyd,
'toes ganddi ddim gobeithion mawr,
'toes ganddi ddim byd
ond sêt reit glyd
ar fws yn teithio trwy y glaw.

Cytgan

traws cambria
Steve Eaves

(Steve Eaves ℗ Sain)

TRÊN BACH Y SGWARNOGOD

G
C
G
Mae trên bach y sgwar- no - god yn dod ar hyd y rêls. Mae
4
D
trên bach y sgwar - no - god yn dod ar hyd y rêls. Mae
6
G
C
G
trên bach y sgwar - no - god yn dod ar hyd y rêls Y
8
D
G
trên sy'n dod i a - chub y byd.

TRÊN BACH Y SGWARNOGOD

Mae trên bach y sgwarnogod yn dod ar hyd y rêls.
Mae trên bach y sgwarnogod yn dod ar hyd y rêls.
Mae trên bach y sgwarnogod yn dod ar hyd y rêls –
Y trên sy'n dod i achub y byd.

Faint mae'n mynd i gostio i deithio ar y trên?
Faint mae'n mynd i gostio i deithio ar y trên?
Faint mae'n mynd i gostio i deithio ar y trên –
Y trên sy'n dod i achub y byd?

Tydi'n costio dim i sgwarnog deithio ar y trên.
Tydi'n costio dim i sgwarnog deithio ar y trên.
Tydi'n costio dim i sgwarnog deithio ar y trên –
Y trên sy'n dod i achub y byd.

Ga' i ddod â 'ngwraig a 'mhlentyn, Meri Lw a Sera Jên?
Ga' i ddod â 'ngwraig a 'mhlentyn, Meri Lw a Sera Jên?
Ga' i ddod â 'ngwraig a 'mhlentyn, Meri Lw a Sera Jên
Ar y trên sy'n dod i achub y byd?

Wel cewch, Tudfryn Tomos, chwarelwr mawr a chlên,
Cewch, Tudfryn Tomos, chwarelwr mawr a chlên,
Gewch chi ddod â'ch gwraig a'ch plentyn, Meri Lw a Sera Jên
Ar y trên sy'n dod i achub y byd.

Ga' i ddod â'r sliwod spontus sy mor lwcus ac mor wlyb?
Ga' i ddod â'r sliwod spontus sy mor lwcus ac mor wlyb?
Ga' i ddod â'r sliwod spontus sy mor lwcus ac mor wlyb
Ar y trên sy'n dod i achub y byd?

Na chewch, 'chos 'di'u clustia nhw ddim digon hardd a hir.
Na chewch, 'chos 'di'u clustia nhw ddim digon hardd a hir.
Na chewch, 'chos 'di'u clustia nhw ddim digon hardd a hir
I'r trên sy'n dod i achub y byd.

Mae'r wêrs yn byta'r wyrddis 'chos mae'r rheini i gyd mor hen.
O mae'r wêrs yn byta'r wyrddis 'chos mae'r rheini i gyd mor hen.
Mae'r wêrs yn byta'r wyrddis 'chos mae'r rheini i gyd mor hen
Ar y trên sy'n dod i achub y byd.

(Twm Morys Ⓗ Crai(Sain))

TRÊN I AFON-WEN

G Em C D
Er ei bod hi'n byw yn Chwi-log Mi dei - thiai bob dydd
5
C D C D G
Ar y trên i Ben- y - groes, A'i gwallt yn chwi - fio'n rhydd.
9
Em C D
Bag ys - gol ar ei hys - gwydd, Mi dei-thiai hi bob cam,
13
C D C D G
Cytgan
Llyf - ra, 'fa - la, Co - ca Co - la, Brech- dan gan ei mam. Ar y
17
C G D
trên i A-fon - wen Mi goll-ais i fy mhen, Mi rois fy
22
G G7 C
ngha- lon i-ddi hi. O, ar y trên i A - fon- wen
27
G D D7 G
Mi goll-ais i fy mhen, Mi rois fy ngha- lon i-ddi hi.
32
Ar ôl Cytgan 4
D D7 C D G
Tor - rodd fy ngha- lon Yn ste - sion A - fon - wen.

TRÊN I AFON-WEN

Er ei bod hi'n byw yn Chwilog
Mi deithiai bob dydd
Ar y trên i Benygroes,
A'i gwallt yn chwifio'n rhydd.
Bag ysgol ar ei hysgwydd,
Mi deithiai hi bob cam,
Llyfra, 'fala, Coca Cola,
Brechdan gan ei mam.

Cytgan:
Ar y trên i Afon-wen
Mi gollais i fy mhen,
Mi rois fy nghalon iddi hi.
O, ar y trên i Afon-wen
Mi gollais i fy mhen,
Mi rois fy nghalon iddi hi.

Roedd Twm Gwyn a Pancho
Yn teithio ar y trên,
Ond ni châi ddim i'w wneud â nhw,
Er ei bod hi'n glên,
A'r hogia i gyd yn 'rysgol
'N glafoerio am ei chnawd,
Gwenu wnâi a dweud helô,
A thrin pob un fel brawd.

Cytgan

Roedd Llan yn chwarae Chwilog
Yn y Gwynedd Cup,
Lawr i stesion Penygroes,
'Come on, boy, hurry up.'
Mi neidiais mewn i'r cerbyd,
'Di colli 'ngwynt yn lân,
Ond fe aeth fy ngwynt yn gynt
Pan welais pwy oedd o'm blaen.

Cytgan

Mae'r wlad yn gwibio heibio,
Fel dŵr glaw mewn i draen,
Heibio Bryncir a Phant Glas,
Fe aeth y trên ymlaen.
Mae'n rhaid 'mi ddweud y geiria,
'Ni'n Afon-wen yn awr,'
Ond codi wnaeth a neidio i ffwrdd
I freichia rhyw foi mawr.

Cytgan x 2 +
Torrodd fy nghalon
Yn stesion Afon-wen.

(Bryn Fôn Ⓗ Sain)

TRI MIS A DIWRNOD

C Am G F C Am G F
Tri mis a diwr-nod e-fo'r byd yn gor-wedd wrth fy nhraed.
C Am G F C Am G F
Ang-ho-fio di-ni-weid-rwydd, cyff-ro'n lli-fo'n fy ngwaed. A dwi'n
Am G Am G
co-fio o'n i'n medd-wl pob gair ddu-dish i: "Dwi 'sio bod 'fo ti am byth."
F C Am G F C Am
Tri mis a diwr-nod cyn 'ni syl-we-ddo-li'n bod ni'n hurt.
Cytgan
G F G F Am G F
Tri mis a diwr - nod cyn i bo-peth droi yn or - mod. Cau dy
C G C G
lyg-aid, dal fi'n dynn a gwe - nu cyn 'ni dy-fu fy - ny. Tri mis a diwr-
Cytgan 1
F Am G F C Am
nod cyn i bo-peth droi yn or - mod. Cau dy lyg-aid, dal fi'n dynn a gwe-
Cytgan 2
G F C C G
nu cyn 'ni dy-fu fy - ny. lyg-aid, dal fi'n dynn a gwe - nu, Cau dy
C Am F
lyg - aid, dal fi'n dynn a gwe - nu. Cau dy
C Am F G7 C
lyg-aid, dal fi'n dynn a gwe - nu cyn 'ni dy-fu fy - ny.

TRI MIS A DIWRNOD

Tri mis a diwrnod efo'r byd yn gorwedd wrth fy nhraed.
Anghofio diniweidrwydd, cyffro'n llifo'n fy ngwaed.
A dwi'n cofio o'n i'n meddwl pob gair ddudish i:
"Dwi 'sio bod 'fo ti am byth."
Tri mis a diwrnod cyn 'ni sylweddoli'n bod ni'n hurt.

Pan ddaeth y diwedd o'n i'n sâl ddim isio bod hebddat ti.
A titha'n mynnu trwy dy ddagrau bod hi'n ddiwedd y byd.
Ond ar ôl wythnos 'nes i ffeindio rhywun arall fel ti,
A gest titha fi newydd 'fyd.
Tri mis a diwrnod arall cyn 'ni eto golli'r ffydd.

Cytgan:
Tri mis a diwrnod cyn i bopeth droi yn ormod.
Cau dy lygaid, dal fi'n dynn a gwenu cyn 'ni dyfu fyny.
Tri mis a diwrnod cyn i bopeth droi yn ormod.
Cau dy lygaid, dal fi'n dynn a gwenu cyn 'ni dyfu fyny.

Tri mis a diwrnod cyn i bopeth droi yn ormod.
Cau dy lygaid, dal fi'n dynn a gwenu.
Cau dy lygaid, dal fi'n dynn a gwenu.
Cau dy lygaid, dal fi'n dynn a gwenu cyn 'ni dyfu fyny.

TRÔNS DY DAD

Dm
G
Dm
G
New - ydd gael bath a dwi'n lân i gyd,
5
Dm
G
Dm
G
Ddim yn ga - llu ffein - dio trôns na dim byd.
9
Dm
G
Dm
G
Dm
Ma 'na drôns glân yn y peil lawr gri - sia, Ond dim trôns fi
14
G
Dm
G
Cytgan
B♭
y - dy'r rhei y - na. Trôns dy dad
18
A7
Dm
e - fo twll yn y ca - nol, Ma nhw'n wa - ha - nol.

TRÔNS DY DAD

Newydd gael bath a dwi'n lân i gyd,
Ddim yn gallu ffeindio trôns na dim byd.
Ma 'na drôns glân yn y peil lawr grisia,
Ond dim trôns fi ydy'r rhei yna.

Cytgan:
Trôns dy dad efo twll yn y canol,
Ma nhw'n wahanol.

Ma nhw'n rhy fawr, ma nhw rownd fy nglinia,
Pan dwi'n sefyll i fyny, ma nhw'n disgyn i lawr,
Wai wai wai ffrynts dy dad
Well well well na nicers dy fam.

Mynd i'r clwb a'r trôns amdanaf,
Bachu hogan efo coblyn o ddannadd,
Mynd yn ôl i'w thŷ hi,
Trwsus i lawr, cafodd hi weld y trôns mawr.

Cytgan

F*** me pink, ma'r trôns fel tent,
Efo polyn yn y canol, rhaid talu rhent,
Ma 'na le i syrcas, y byd a'i gi,
Dyna oedd ei geiriau hi.

Cytgan

TŶ AR Y MYNYDD

Min-nau'n god - ro, ti-thau'n cwc - io, Byw e - fo'n gi-lydd mewn
tŷ ar y my-nydd,Dim ond fi a thi.
Fi'n ty - fu ta - tws, ti'n 'neud fi'n ha-pus, Byw e - fo'n gi-lydd mewn
tŷ ar y my-nydd,Dim ond fi a thi.
Na, bydd'na'm ffrae-o, dim ond cy-tu-no, Os ddoi di i fyw e-fo fi;
Bydd dy fam we - di sio-mi, Dy dad yn gwa-re - du, Ond ddoi
di i fyw e - fo fi? dad yn gwa - re - du, Ond ddoi
di i fyw e - fo fi? Ond ddoi di i fyw e - fo
fi, plîs! Ddoi di i fyw e - fo fi?

TŶ AR Y MYNYDD

Minnau'n godro, tithau'n cwcio,
Byw efo'n gilydd mewn tŷ ar y mynydd,
Dim ond fi a thi.
Fi'n tyfu tatws, ti'n 'neud fi'n hapus.
Byw efo'n gilydd mewn tŷ ar y mynydd,
Dim ond fi a thi.
Na, bydd 'na'm ffraeo, dim ond cytuno,
Os ddoi di i fyw efo fi;
Bydd dy fam wedi siomi,
Dy dad yn gwaredu,
Ond ddoi di i fyw efo fi?

Er nad ydw i ond wedi'th weld di
Unwaith neu ddwy, dwi'n siŵr mai ti 'di'r un i mi,
A mi i ti.
So fydd 'na'm ffraeo, dim ond cytuno,
Os ddoi di i fyw efo fi.
Bydd dy fam wedi siomi,
Dy dad yn gwaredu,
Ond ddoi di i fyw efo fi?

Hwyrach heno, dof heibio i'th berswadio
Â thamaid o gacen a'i thorri hi'n hanner,
Un i mi a'r llall i ti.
Na, bydd 'na'm ffraeo, dim ond cytuno,
Os ddoi di i fyw efo fi.
Bydd dy fam wedi siomi,
Dy dad yn gwaredu,
Ond ddoi di i fyw efo fi?

Na, bydd 'na'm ffraeo, dim ond cytuno,
Os ddoi di i fyw efo fi.
Bydd dy fam wedi siomi,
Dy dad yn gwaredu,
Ond ddoi di i fyw efo fi?
Ond ddoi di i fyw efo fi, plîs?
Ddoi di i fyw efo fi?

TŶ COZ

Mi wn am dŷ_ym Mont - rou- lez_ A mwg coed tân yn_ llen-wi'r lle.
Merched teg_ yn y - fed gwin, Ac ar eu min mae seith-fed ne'.
Mae y-no groe-so ger_ y tân, A chys-ur mawr mewn sia-rad mân,
A dy-ma yw'r di- gy - mar_ le, Sef Mont-rou- lez a'r mer-ched glân.
Pell o dw- rw'r stryd, Pell o sŵn y byd.
Tyrd, ca-na dy gân, Mae fy ngha-lon i ar_ dân.

TŶ COZ

Mi wn am dŷ ym Montroulez
A mwg coed tân yn llenwi'r lle.
Merched teg yn yfed gwin,
Ac ar eu min mae seithfed ne'.

Mae yno groeso ger y tân,
A chysur mawr mewn siarad mân,
A dyma yw'r digymar le,
Sef Montroulez a'r merched glân.

Pell o dwrw'r stryd,
Pell o sŵn y byd.
Tyrd, cana dy gân,
Mae fy nghalon i ar dân.

Pell o dwrw'r stryd,
Pell o sŵn y byd.
Tyrd, cana dy gân,
Mae fy nghalon i ar dân.

Mi wn am dŷ ym Montroulez
Sy'n edrych lawr ar dwrw'r dre,
Yn gweld y drwg a'r da i gyd,
Yn gweld y byd a'i roi yn ei le.

(Elwyn Williams/Iwan Llwyd Ⓗ Elwyn Williams)

WYT TI'N GÊM?

Em G B7 C Em G D G
Tyn dy gôt, ste-dda i lawr. Ma'r tân yn gyn-nas ac mae'n dy-wydd mawr.
5
Em G B7 C B7
Mi wna i ba-nad i ni'n dau_ Ac we-dyn gawn ni weld os wyt ti'n gêm.
9
Em G B7 C Em G D G
Ti'n hae-ddu gwell, paid â chri - o. Ti mor ddi-ni-wad a dwi y-ma i wran-do.
13
Em G B7 C B7
Gei di we-ly y - ma he - no Ac we-dyn gawn ni weld os wyt ti'n gêm.
17 Cytgan
G Em C D7 G Em C D7
Wyt ti'n gêm? Wyt ti'n gêm?
25
G A C D
Mae'na sto-ris cas am-da-no fo a ge-nod. Dy'n nhw'm yn wir, dim ots be ti 'di gly-wad.
29
Em D Am C B7 Em
Mond chdi a fi a ddaw 'na neb i w-bod. Go -fyn o'n i, car-iad,wyt ti'n gêm?

WYT TI'N GÊM?

Tyn dy gôt, stedda i lawr.
Ma'r tân yn gynnas ac mae'n dywydd mawr.
Mi wna i banad i ni'n dau
Ac wedyn gawn ni weld os wyt ti'n gêm.

Ti'n haeddu gwell, paid â chrio.
Ti mor ddiniwad a dwi yma i wrando.
Gei di wely yma heno
Ac wedyn gawn ni weld os wyt ti'n gêm.

Cytgan:
Wyt ti'n gêm?
Wyt ti'n gêm?
Ma 'na storis cas amdano fo a genod.
Dy'n nhw'm yn wir, dim ots be ti 'di glywad.
Mond chdi a fi a ddaw 'na neb i wbod.
Gofyn o'n i, cariad, wyt ti'n gêm?

Diolch, cariad, wela i di eto.
Ella ddim ond paid ag ypsetio.
Does 'na'm isho mynd yn rhy siriys
Rŵan 'mod i'n gwbod bo' chdi'n gêm.

Cytgan

WYT TI'N MYND I ADAEL?

Am
D
Am
Ti'n troi dy ben a___ row - lio dy ly-gaid blin. 'Dan ni fel del-wau___ yng
4
D
G
D
C
Em
ngo- lau___ y gan-nwyll lom. Mi dwi'n gw-bod pa mor a-nodd y-dy byw 'fo fi,
7
C
D
C
Em
G
D
C
Em
A dwi'n gw-bod 'mod i'n waith. Ac mi dwi'n gweld bod 'y nghar-io fi yn straen i chdi,
11
G
D
C
D
Cytgan
G
D
Ond wir, dwi bron â chyr - raedd.______ Wyt ti'n mynd i ad - ael___ pan dwi'n
15
C
D
G
D
C
D
er-fyn ar - na chdi? Wyt ti'n mynd i ad- ael___ pan dwi'n go-fyn i chdi a-ros e-fo
18
G
D
C
D
G
D
C
D
fi? Does gen ti'm c'wi-lydd? Does gen ti'm ca - lon? 'Na i ddeud fod pe-tha'n
22
G
D
C
Em
G
D
C
D7
G
C
Em
iawn.______ A,______ i ddeud fod pe-tha'n iawn. Dos, gad-ael,
28
C
G
C
Em
C
G
dos i weld pwy gym'-ith chdi. Dos, gad-ael, dos i weld pwy gym'-ith chdi.
31
C
Em
C
G
F
D7
G
Dos, gadael, dos i weld pwy gym' ith chdi. Dwi'n bet-io 'nei di'm cael neb fa-tha fi.

WYT TI'N MYND I ADAEL?

Ti'n troi dy ben a rowlio dy lygaid blin.
'Dan ni fel delwau yng ngolau y gannwyll lom.
Mi dwi'n gwbod pa mor anodd ydy byw 'fo fi,
A dwi'n gwbod 'mod i'n waith.
Ac mi dwi'n gweld bod 'y nghario fi yn straen i chdi,
Ond wir, dwi bron â chyrraedd.

Cytgan:
Wyt ti'n mynd i adael pan dwi'n erfyn arna chdi?
Wyt ti'n mynd i adael pan dwi'n gofyn i chdi aros efo fi?
Does gen ti'm c'wilydd?
Does gen ti'm calon?
'Na i ddeud fod petha'n iawn.
A, i ddeud fod petha'n iawn.

Paid â sbio i mewn i'm llygaid i.
Paid â gafael yn fy llaw i fel'na.
Mi dwi'n gwbod 'mod i'n oriog ac yn chwil.
A dwi'n gwbod 'mod i'n waith,
A mi dwi'n gweld fy mod i yn dy flino di,
Ond wir, dwi bron â chyrraedd.

Cytgan

Dos, gadael, dos i weld pwy gym'ith chdi.
Dos, gadael, dos i weld pwy gym'ith chdi.
Dos, gadael, dos i weld pwy gym'ith chdi.
Dwi'n betio 'nei di'm cael neb fatha fi.

Y BARDD O MONTREAL

Dm7
Am7
Mae o y-ma o 'mlaen i rŵ - an Yn bar-ddo-ni lle bu boc-
5
Dm7
sio, A'r ddi-nas yn dath - lu'i Mil - flwydd A'r
8
Am7
Gm7
Am7
I-ddew yn ca -nu y croe - so. I re-mem-ber you well At the
12
Dm7
Chel-sea Ho - tel. Co-fio ei eir-ia di - droi'n - ôl, Ja -nis a'r bardd o Mont-
17
- re - al. Co-fio ei eir - ia di - droi'n - ôl, Ja-nis a'r bardd o Mont-
21
Gm7
Am7
Dm7
- re - al. I re-mem-ber you well At the Chel-sea Ho - tel.

Y BARDD O MONTREAL

Mae o yma o 'mlaen i rŵan
Yn barddoni lle bu bocsio,
A'r ddinas yn dathlu'i Milflwydd
A'r Iddew yn canu y croeso.

I remember you well
At the Chelsea Hotel.

Mae o'n deud ei ddeud heb wenu.
"Lady midnight," mynna'r hipi,
"Na, dwi wedi'i hanghofio.
Gwna ditha 'run fath, y lembo."

I remember you well
At the Chelsea Hotel.

Cofio ei eiria di-droi'n-ôl,
Janis a'r bardd o Montreal.
I remember you well
At the Chelsea Hotel.

Mae o yma o 'mlaen i rŵan
Yn canu, lle bu cwffio,
Dulyn yn dathlu hefo fo,
Yr Iddew a gafodd y croeso.

I remember you well
At the Chelsea Hotel.

Y BRAWD HOUDINI

Cytgan
La la, la la la la, la la la la la la la.
La la, la la la la, la la la la la la la.
Pennill
O, mi we-na'r haul yn y pwll glo, Beth am bo-tel o gw - rw?
O, mae gen i bres ond mae'r mwg a'r tes Yn troi pob un yn fe - ddw.
Mor un - ig ar y llin-yn tyn Yn troed - io'r e - ang - der - au.
O, dim ond fi a'r Brawd Hou-di - ni'n cer-dded lan i'r nef - oedd.

Y BRAWD HOUDINI

Cytgan:
La la, la la la la, la la la la la la la.
La la, la la la la, la la la la la la la.

O, mi wena'r haul yn y pwll glo,
Beth am botel o gwrw?
O, mae gen i bres ond mae'r mwg a'r tes
Yn troi pob un yn feddw.
Mor unig ar y llinyn tyn
Yn troedio'r eangderau.
O, dim ond fi a'r Brawd Houdini'n cerdded lan i'r nefoedd.

Cytgan

Roedd y nos mor ddu ac mae brenin y dall
Yn crawcian yn y bore.
O, y dewin dwl ar y teliffôn
Yn ceisio gwneud ei ore.
A minnau'n methu gweld tu fewn
Neu mas o'r byd a'i chwerthin.
O, dim ond fi a'r Brawd Houdini yn cerdded lan i'r nefoedd.

Cytgan

O, mi wena'r haul yn y pwll glo,
Beth am botel o gwrw?
O, mae gen i bres ond mae'r mwg a'r tes
Yn troi pob un yn feddw.
Mor unig ar y llinyn tyn
Yn troedio'r eangderau.
O, dim ond fi a'r Brawd Houdini'n cerdded lan i'r nefoedd.

Cytgan

Y CWM

Wel, shwd mae'r hen ffrind? Mae'n dda cael dy weld di gar-tre fel hyn.
Dy'n ni ddim we-di cwrdd Ers i ti hel dy bac a rhe-deg i ffwrdd.
Ac rwy'n co-fio nawr ni'n medd - wl bo' ni'n fech-gyn mawr, Cer -dded gy-da'n ta -dau y
llwy-br hir i'r py-llau, O la la la la. 'Sneb yn si-cr o'r gwir,
Pa-ham i ti fynd a thor- ri mor glir. Mae 'na rai we-di sôn
Fod y Cwm yn rhy gul i fach-gen fel Siôn. Wyt ti'n co-fio'r tro
ar leth-rau'r glo? Sgath-ru ein gli-nie wrth ddri-ngo am y go-re, O la la la
la. Cytgan Y graig yn sownd o dan ein traed, A
char-iad at y Cwm yn ber-wi yn ein gwaed. Y graig yn sownd o dan ein traed,
A char-iad at y Cwm yn ber-wi yn ein gwaed.

Y CWM

Wel, shwd mae yr hen ffrind?
Mae'n dda cael dy weld di gartre fel hyn.
Dy'n ni ddim wedi cwrdd
Ers i ti hel dy bac a rhedeg i ffwrdd.
Ac rwy'n cofio nawr ni'n meddwl bo' ni'n fechgyn mawr,
Cerdded gyda'n tadau y llwybr hir i'r pyllau,
O la la la la.

'Sneb yn sicr o'r gwir,
Paham i ti fynd a thorri mor glir.
Mae 'na rai wedi sôn
Fod y Cwm yn rhy gul i fachgen fel Siôn.
Wyt ti'n cofio'r tro ar lethrau'r glo?
Sgathru ein glinie wrth ddringo am y gore,
O la la la la.

Cytgan:
Y graig yn sownd o dan ein traed,
A chariad at y Cwm yn berwi yn ein gwaed.
Y graig yn sownd o dan ein traed,
A chariad at y Cwm yn berwi yn ein gwaed.

O, fe fu newid mawr
Ers iddyn nhw gau'r holl byllau 'na i lawr.
Ac fel y gweli dy hun
Does dim nawr i ddal y bois rhag y ffin.
A thithe wedi magu blas am ragor o awyr las,
Ond rwy'n credu mai ti oedd y cyntaf i weld y tywydd ar ein gorwel.
O la la la la.

Cytgan

Y DREF WEN

Y Dref Wen yn y dyff-ryn, He-no heb arf nac o - ffe - ryn; Ar
wy - neb y gwellt gwêl y gwaed A drodd y pridd yn llaid. Ond
Cytgan
awn i ail - ad-fer bro, Awn i ail - go-di'r to,
1,2,3
Ail - o-leu - wn y tŷ, Pwy a saif gy-da ni?
4
Pwy a saif? Pwy a saif? Pwy a saif gy-da ni?

Y DREF WEN

Y Dref Wen yn y dyffryn,
Heno heb arf nac offeryn;
Ar wyneb y gwellt gwêl y gwaed
A drodd y pridd yn llaid.

Cytgan:
Ond awn i ailadfer bro,
Awn i ailgodi'r to,
Ailoleuwn y tŷ,
Pwy a saif gyda ni?

Y Dref Wen chwâl ei meini,
Heno yn brudd yn ei hoerni,
Ddaeth 'na neb i holi pam
Mai marw yw'r fflam.

Cytgan

Y Dref Wen wrth y coed,
Hiraeth am gadw oed,
Ciliodd pawb o'r hyfryd fro,
Stafell Cynddylan sydd dan glo.

Cytgan +
Pwy a saif?
Pwy a saif gyda ni?

(Tecwyn Ifan Ⓗ Sain)

Y SŴN

D
Awn ni o 'ma i le uch - el,
Draw i ffridd yr
ad - ar ffraeth.
Rhown ein dwy - lo ar hen de - lyn, 'Fo
clus - tiau llym rhwng y trum a'r traeth
Wnawn ni
G
ddis- gwyl, dis- gwyl am y sŵn.
D
G
D
Y sŵn.

Y SŴN

Awn ni o'ma i le uchel,
Draw i ffridd yr adar ffraeth.
Rhown ein dwylo ar hen delyn,
'Fo clustiau llym rhwng y trum a'r traeth
Wnawn ni ddisgwyl, disgwyl am y sŵn. Y sŵn.

Ella daw fel cri'r pregethwyr
Mewn hetiau duon a sgidiau bach cul.
Llosgwch y crwth, rhowch heibio'r ddawns,
Dach chi'n gwybod bod hi'n bechod treulio'r Sul yn chwara.
Ai sŵn fel 'na fydd y sŵn, sŵn y Beibil?

Ella daw fel llais dyn haearn
Yn syllu o ryw benrhyn draw,
Ei draed a'i drwyn a'i drem yn gadarn
A phicell biwis yn ei law.
Dyn haearn, ai llais dyn haearn fydd y sŵn?

Ac ella daw'n chwardd fel Dafydd ap Gwilym
Ym mreichiau'r morynion clws o hyd,
Ella daw fel cŵn Siôn Cent
Yn bwrw ei sen am ben y byd.
Ai cusanu 'ta pesychu fydd y sŵn?

Ella daw fel y syrth afala,
Ella daw pan fydd y Wyddfa'n gaws,
Awn ni o'ma i le uchel,
Mae'r byd yn hyll a be 'dan ni haws
Ag aros, aros heb y sŵn?

(Twm Morys ℗ Crai(Sain))

Y TEIMLAD

D F♯m Em
Y teim- lad sy'n ha-la po - bol I ang- ho - fio am - ser.
5
D F♯m Em A
Y teim-lad sy'n ha-la chi fedd - wl Nad yw dy- fo - dol mor flêr.
9
D F♯m Em
Y teim - lad sy yn dod Ac yn sbar- du - no gob - aith.
13
D Bm Em
Chi'n gweld y ty - wy - llwch Ond chi'n gweld bod y - na rw-
16
Cytgan
A G C
- beth. Y teim - lad, beth yw y teim -
19
D G C D
- lad? Y teim- lad. sydd heb es - bon - iad.
24
G C D
Y teim -lad, beth yw y teim - lad?
29
G C D Bm Em
Y teim - lad sy'n cael ei a - lw'n gar- iad. Car - iad. Y
34
D G A D G D
teim - lad, yw y teim - lad. Mae ha - pus - rwydd yn co-
39
Bm G Em D
- di Ac yn troi yn wir ryw - bryd. Ac mae'n dang - os bod y - na

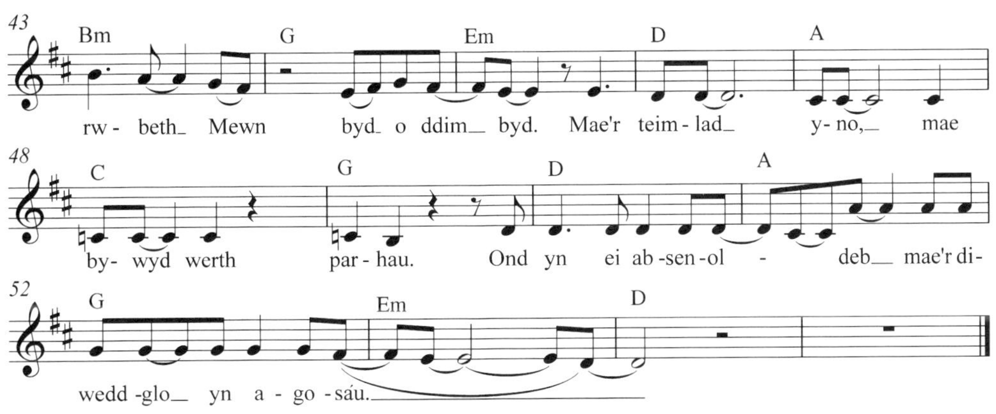
43
Bm
G
Em
D
A
rw - beth Mewn byd o ddim byd. Mae'r teim - lad y - no, mae
48
C
G
D
A
by- wyd werth par - hau. Ond yn ei ab -sen -ol - deb mae'r di-
52
G
Em
D
wedd -glo yn a - go - sáu.

Y teimlad sy'n hala pobol
I anghofio amser.
Y teimlad sy'n hala chi feddwl
Nad yw dyfodol mor flêr.
Y teimlad sy yn dod
Ac yn sbarduno gobaith.
Chi'n gweld y tywyllwch
Ond chi'n gweld bod yna rwbeth.

Cytgan:
Y teimlad, beth yw y teimlad?
Y teimlad sydd heb esboniad.
Y teimlad, beth yw y teimlad?
Y teimlad sy'n cael ei alw'n gariad. Cariad.
Y teimlad yw y teimlad.

Mae hapusrwydd yn codi
Ac yn troi yn wir rywbryd.
Ac mae'n dangos bod yna rwbeth
Mewn byd o ddim byd.
Mae'r teimlad yno, mae bywyd werth parhau.
Ond yn ei absenoldeb mae'r diweddglo yn agosáu.

Cytgan x 2

Peidiwch byth ymddiried mewn dyn
Efo jeans taclus.
David R. Edwards

YFORY

C G7 C F G C
Mae gwaith y dydd we-di dar-fod,_ Mae pawb we-di dweud ffar-wél, Bydd
5
D G Em Am A7 D
loet-ran_ e - to_am am-ser,_ Rhyw chwi -lio a chwa-lu am sbel. Ond y-
9
G D7 G C A7 D D7
fo-ry daw haul un-waith e - to,_ Ac yn haul y dydd dof ar daith,
13
G D7 G Em7 C D7 G
Ad-re_ i we-nau_ fy ngha - riad, Go-leu-ni_ fy serch ar_ y daith.
17 Cytgan
G D G G7 C G Am7 D7
Dim ond no-son,_ Dim ond no-son, Y - fo-ry_ fe fy-ddaf_ yn ôl, Yn
21
G D7 G Em7 C D7 G
ôl yn_ dy we-nau, yn ôl yn_dy frei-chiau, Y - fo-ry_ fe fy-ddaf yn ôl.

YFORY

Mae gwaith y dydd wedi darfod,
Mae pawb wedi dweud ffarwél,
Bydd loetran eto am amser,
Rhyw chwilio a chwalu am sbel.
Ond yfory daw haul unwaith eto,
Ac yn haul y dydd dof ar daith,
Adre i wenau fy nghariad,
Goleuni fy serch ar y daith.

Cytgan:
Dim ond noson,
Dim ond noson,
Yfory fe fyddaf yn ôl,
Yn ôl yn dy wenau, yn ôl yn dy freichiau,
Yfory fe fyddaf yn ôl.

Rhof heno fy mhen ar obennydd,
A meddwl amdanat ti;
Daw'r nos â thi yn agosach,
A swyn fy nos ydwyt ti.
A heno caf feddwl amdanat
Yng ngwely fy ngwesty pell,
Ond byddaf yfory yn ôl yn dy gwmni,
Carcharor yn rhydd o'i gell.

Cytgan x 2

(Robat Arwyn/Geraint Eckley ℗ Sain)

YMA O HYD

Am C Am C Am C
Dwyt ti'm yn co-fio Mac - sen,_ Does neb yn ei na-bod o; Mae mil a chwe chant o fly-

Am E7 Am C G
ny- ddoedd_ Yn am - ser rhy hir i'r co'; Pan aeth Mag-nus Ma-xi-mus o Gym-ru__ Yn y

E7 Am C G E7
flwy- ddyn tri chant wyth tri,___ A'n ga-dael yn ge-ne-dl gy- fan__ A he- ddiw, we-le

Cytgan
Am G Am
ni! Ry'n ni y-ma o hyd, Ry'n ni y-ma o hyd,______ Er gwae-tha pawb a

C G E7
pho- peth,_ Er gwae-tha pawb a pho- peth,_ Er gwae-tha pawb a pho-peth Ry'n ni y-ma o

Am G Am
hyd. Ry'n ni y-ma o hyd,______ Er gwae-tha pawb a pho-peth,_ Er

C G E7 Am
gwae -tha pawb a pho- peth,__ Er gwae-tha pawb a pho -peth Ry'n ni ym-a o hyd.

YMA O HYD

Dwyt ti'm yn cofio Macsen,
Does neb yn ei nabod o;
Mae mil a chwe chant o flynyddoedd
Yn amser rhy hir i'r co';
Pan aeth Magnus Maximus o Gymru
Yn y flwyddyn tri chant wyth tri,
A'n gadael yn genedl gyfan
A heddiw, wele ni!

Cytgan:
Ry'n ni yma o hyd,
Ry'n ni yma o hyd,
Er gwaetha pawb a phopeth,
Er gwaetha pawb a phopeth,
Er gwaetha pawb a phopeth
Ry'n ni yma o hyd.
Ry'n ni yma o hyd,
Er gwaetha pawb a phopeth,
Er gwaetha pawb a phopeth,
Er gwaetha pawb a phopeth
Ry'n ni yma o hyd.

Chwythed y gwynt o'r dwyrain,
Rhued y storm o'r môr,
Hollted y mellt yr wybren
A gwaedded y daran encôr.
Llifed dagrau'r gwangalon
A llyfed y taeog y llawr,
Er dued y fagddu o'n cwmpas
Ry'n ni'n barod am doriad y wawr!

Cytgan

Cofiwn i Facsen Wledig
Adael ein gwlad yn un darn,
A bloeddiwn ger bron y gwledydd,
"Mi fyddwn yma tan Ddydd y Farn!"
Er gwaetha pob Dic Siôn Dafydd,
Er gwaetha 'rhen Fagi a'i chriw,
Byddwn yma hyd ddiwedd amser
A bydd yr iaith Gymraeg yn fyw!

Cytgan x 2

(Dafydd Iwan Ⓗ Sain)

YMA WYF INNA I FOD

Mae 'na ddau yn mynd i ry-fel Tu all-an i'r Pen-deitsh, Tra bo'r
af-on dal i chwy-du'i phoen i'r a-ber. Mae sŵn po-te-li'n chwa-lu, Fel pri-
o-das hyd y lôn, A neb yn medd-wl gof-yn pam, fel ar-fer. Mae 'na
ferch-ed heb fod-rwy-au Yn sia-rad cel-wydd noeth, Mae'r dre fel 'tai 'di'w mwr-dro ar ei
hyd. Ond mae'r lleu-ad dal i we-nu Ar hen stryd-oedd bu-dur hon Fel
pob tre ddi-fyr ar-all yn y byd.
Cytgan
Mae'n flêr a does 'na'm ser-en
He-no i mi uwch 'y mhen. Dwi'n gei-ban, ond dwi'n gw-bod Mai
y ma wyf in-na i fod. fod. A'r hog-ia llyg-aid bar-cud, Ef-o'u
sŵn a'u rhe-gi mawr, Y rhein sy bi-a paf-in pob un stryd. Ond y
rhein â'u hiaith eu hun-ain Sy'n ca-dw'r dref yn fyw Fel pob tre ddif-yr ar-all yn y byd.

YMA WYF INNA I FOD

Mae 'na ddau yn mynd i ryfel
Tu allan i'r Pendeitsh,
Tra bo'r afon dal i chwydu'i phoen i'r aber.
Mae sŵn poteli'n chwalu,
Fel priodas hyd y lôn,
A neb yn meddwl gofyn pam, fel arfer.
Mae 'na ferched heb fodrwyau
Yn siarad celwydd noeth,
Mae'r dre fel 'tai di'w mwrdro ar ei hyd.
Ond mae'r lleuad dal i wenu
Ar hen strydoedd budur hon
Fel pob tre ddifyr arall yn y byd.

Cytgan:
Mae'n flêr a does 'na'm seren
Heno i mi uwch 'y mhen.
Dwi'n geiban, ond dwi'n gwbod
Mai yma wyf inna i fod.

Mae 'na ddiwrnod newydd arall
Yn sleifio lawr Stryd Llyn,
Ac mae hogia'r ochor bella'n dod yn heidia,
A dod y maen nhw i gwyno
Nad oes unlle gwell i fynd,
Cyn mynd i'r Harp i yfed efo'u teidia.
Does gynnon nhw ddim breuddwyd
Na chwaith yr un llong wen,
Ond mae gynnon nhw ei gilydd, reit o'r crud.
Ac mae'r haul yn dal i godi
Calonnau'r dre fach hon
Fel pob tre ddifyr arall yn y byd.

Cytgan

A'r hogia llygaid barcud,
Efo'u sŵn a'u rhegi mawr,
Y rhein sy bia pafin pob un stryd.
Ond y rhein â'u hiaith eu hunain
Sy'n cadw'r dref yn fyw
Fel pob tre ddifyr arall yn y byd.

Cytgan x 2

(Geraint Løvgreen/Meirion MacIntyre Huws Ⓗ Sain)

YMLAEN MAE CANAAN

Am
F
E7
Am
Pan fydd po-peth sy'n ann-wyl i chdi
Yn chwa- lu'n yff - lon,
5
A hen ffrind - ia yn ca - dw draw,
ym - laen mae Ca - naan.
9
Pan wyt ti ar ben dy den - nyn di
Yn of - ni'r nos a'i bwg - an,
13
Neu ar dy hyd yn y baw,
ym - laen mae Ca - naan.
17
F
C
G
Am
'Dan ni i gyd fel Mo - ses gynt
Ar dry - wydd cy - fa - mod.
21
'Dan ni'n chwi - lio ar y ffridd - oedd llwm
Am lwy - byr i'r
24
ar ôl pennill 2
haf - od.
Ym - laen, ym - laen.

> Mae'r agwedd mai yn Saesneg y mae llwyddo yn wasaidd, ac yn drist, ac yn golled i'r diwylliant Cymraeg.
>
> Steve Eaves

YMLAEN MAE CANAAN

Pan fydd popeth sy'n annwyl i chdi
Yn chwalu'n yfflon,
A hen ffrindia yn cadw draw, ymlaen mae Canaan.
Pan wyt ti ar ben dy dennyn di
Yn ofni'r nos a'i bwgan,
Neu ar dy hyd yn y baw, ymlaen mae Canaan.
'Dan ni i gyd fel Moses gynt
Ar drywydd cyfamod.
'Dan ni'n chwilio ar y ffriddoedd llwm
Am lwybyr i'r hafod.

Mae 'na gorwynt yn dŵad ffordd hyn,
Gwynt traed y meirwon:
Dogger, Fisher, Finistere,
Rockall, Shannon;
Dyma wynt fydd yn chwalu'r ŷd,
Dyma wynt i'ch dychryn,
Ym more oes y mileniwm, ymlaen mae Canaan.
Rhyfedd fel 'dan ni'n dyfalbarhau
Fel mulod gwantan,
Ar ôl dy drechu a dy iselhau, ymlaen mae Canaan.
Ymlaen, ymlaen.

Dy anwyliaid sydd wrth y bwrdd
Yn disgwyl amdanat,
Dy hen gi'n gorfadd wrth y giât,
Dy swpar bron yn barod.
Dyro'r pac yn ôl ar dy gefn – paid colli calon.
Un filltir eto, boi, ymlaen mae Canaan.
Mae angan sgidia cry
I droedio'r uchelfannau,
Ond troednoeth ydan ni ac ymlaen mae Canaan.
Ymlaen, ymlaen.

(Steve Eaves Ⓗ Sain)

YSBRYD SOLFA

Dm
F
C
Dm
C
Ar lan-nau llwm yr a-ber trist
yn wlyb di- fe -ru yn y glaw,
5
Dm
F
C
Dm
i freu-ddwyd glas y dydd - iau_ gynt
mewn cof rhaid mynd yn awr._
9
F
Dm
C
Rwy'n co-fio'r es-tron Sais__ yn dod
i fa-lu'r dyff-ryn hwn__ nes bod o'n
13
Dm
Cytgan
F
fa - rw.
Mae ys-bryd Sol - fa'n ga - lw nawr,
17
Dm
C
Dm
ei dol-ydd sydd dan droed y cawr
a'i choed mewn car - char.

Eironi hollol Gymraeg ydi fod caneuon gorau Meic Stevens yn aml yn codi o dristwch, ei fod yn tynnu harddwch o'r profiadau mwya chwerw.

Dylan Iorwerth

YSBRYD SOLFA

Ar lannau llwm yr aber trist
yn wlyb diferu yn y glaw,
i freuddwyd glas y dyddiau gynt
mewn cof rhaid mynd yn awr.
Rwy'n cofio'r estron Sais yn dod
i falu'r dyffryn hwn nes bod o'n farw.

Cytgan:
Mae ysbryd Solfa'n galw nawr,
ei dolydd sydd dan droed y cawr
a'i choed mewn carchar.

Mewn drych o ddagrau fel y gwlith,
yn sgrech yr wylan, clyw ei llais.
Llongau'n hwylio, hwylio'n hwyr,
brodorion yn mynd ymaith.
Dieithriaid sydd yn dwyn y cwm,
mewn cadwyn mae y dyffryn hwn
ac mae o'n farw.

Cytgan

Yma, nawr, diwedd y gân,
mewn gwair, mi gysga i efo hi.
Mi dafla i'r dagrau 'nôl i'r môr
i donnau gwyrdd y lli.
Cymdeithas wedi boddi'n llwyr,
breuddwyd gwallgof, Duw a ŵyr
yn nyffryn Solfa.

Cytgan

(Meic Stevens ℗ Lupus)

YSBRYD Y NOS

Pan ddaw lleis-iau'r nos i 'mhoe- ni A sib-rwd gwag y gwynt i'm hoe- ri,
Ti sy'n lliw-io'r blo-de__ â man-tell gwlith y bo -re; Tyrd, Ys-bryd y Nos.__ A'r
ton -nau'n llus-go'r cre-gyn ar - ian, Yn siff-rwd yn eu lif- rai si - dan, Mi
wn y by-ddi y -no__ yn ba-rod i'm cy -su -ro,_ Tyrd, Ys-bryd y Nos.__
Cytgan
Ys -bryd y Nos, tyrd y - ma'n_ awr, Gwas-ga-ra'r of -nau_ cyn daw'r wawr,
Di - ffodd y t'wy -llwch, tyrd â'r dydd,_ Gad im ddod_ o'r nos yn rhydd.
__ Ys - bryd y Nos, rho d'o - lau__ mwyn,
Ys - bryd y Nos, rho im dy__ swyn, Ys-bryd y Nos, fel a-ngel y dydd,_
Ys - bryd y Nos, e - naid y pridd.______________

YSBRYD Y NOS

Pan ddaw lleisiau'r nos i 'mhoeni
A sibrwd gwag y gwynt i'm hoeri,
Ti sy'n lliwio'r blode â mantell gwlith y bore;
Tyrd, Ysbryd y Nos.

A'r tonnau'n llusgo'r cregyn arian,
Yn siffrwd yn eu lifrai sidan,
Mi wn y byddi yno yn barod i'm cysuro,
Tyrd, Ysbryd y Nos.

Cytgan:
Ysbryd y Nos, tyrd yma'n awr,
Gwasgara'r ofnau cyn daw'r wawr,
Diffodd y t'wyllwch, tyrd â'r dydd,
Gad im ddod o'r nos yn rhydd.

Pleth dy wallt mewn rhuban euraidd
Yn gynnes yn dy olau peraidd,
A bysedd brau y barrug yn deffro hun y cerrig,
Tyrd, Ysbryd y Nos.

Ysbryd y Nos, rho d'olau mwyn,
Ysbryd y Nos, rho im dy swyn,
Ysbryd y Nos, fel angel y dydd,
Ysbryd y Nos, enaid y pridd.

Ac yno yn y dyffryn tawel
Mi glywaf gân yn sŵn yr awel,
A neges hud y geirie yn hedfan dros y brynie,
Tyrd, Ysbryd y Nos.

Cytgan

(Hefin Elis/Cleif Harpwood Ⓗ Sain)

Hefyd o'r Lolfa

Ar Noson Oer Nadolig

11 o ganeuon Nadoligaidd

Pwyll ap Siôn Robat Arwyn Geraint Cynan
Meic Stevens Caryl Parry Jones J Eirian Jones

y Lolfa

£9.95